我们的 Minecraft

我的世界

——建筑进阶指南70条

我的世界职人组合 著　　刘子璨 译

辽宁人民出版社

我们的我的世界

开始吧!

这个世界是由方块组成的。

全都是方方正正的!

在《我的世界》中,不仅地面、树木、水、沙子等是由方块构成的,放眼望去,所有的景色都是由方块组成的。在这里,你可以根据自己的喜好采掘方块、自由地重新组合方块。这是一个简单又深奥的游戏!

《我的世界》是由方块组成的。树木、泥土、水,全都是方形的。放眼望去,所有景色都是由方块组成的,可谓是一个梦幻世界。

时间会发生变化!

《我的世界》和现实世界一样,有时间概念。一天大约为20分钟,白天10分钟,夜晚7分钟,日出、日落各1分30秒。

创造和破坏都是你的自由!

在这里,你可以破坏方块,或是随身携带各种物品。将破坏后的方块重新组合起来,可以建造建筑物。你可以通过自己的双手创造新世界!

这里还有村庄!

和我们的世界是一样的啊!

村庄里有许多村民。他们白天外出,晚上会回到家中,以防遭受怪物袭击,是充满智慧的角色。

非常喜欢《我的世界》的小〔学生〕
——世界小子

这里住着许多生物。

在《我的世界》中,有动物和怪物等多种生物悠然自得地生活着。动物是可以繁殖的,虽然杀掉它们是很残忍的事,但它们的肉可以食用。

可爱的动物!

> 可不能太优哉了哦!

动物可以在牧场中繁殖。不仅可以饲养动物,还可以把它们当作食物食用。

晚上会出现怪物!

这里还生存着怪物。到了晚上,不知道它们会从何处钻出来袭击玩家。

红石老师: 对《我的世界》非常了解。还会制作非常厉害的电路!

小Q: 《我的世界》的初学者。和她一起加油吧!

Nudon大师: 从2011年开始进行《我的世界》实况解说的超级大明星!

搞错了!

僵尸来啦!快点建好外墙!

搞定啦!这下僵尸就进不来了。

是吧!

呀啊啊啊啊!让我进去 咚咚咚—

可以制作可动的机关！

在PC版或PS Vita版、PS3版的《我的世界》中，有一种被称为红石的类似电路的道具。只要使用红石，就可以开关远处的门、制作只要打开宝箱就会被触发的陷阱。充分利用各种机关，让你的小伙伴们都惊呆吧！

这就是红石矿石！

埋藏在地下深处的红石矿石。采掘之后，就能够获得可以像电路一样使用的红石。

充分开动脑筋，让小伙伴们大吃一惊吧！

连陷阱都可以制作！

平时虽然看不见，但是只要靠近陷阱就会被触发。这样的陷阱也能够利用红石电路制作。

知识渊博的大叔——队长

来吧，一起游戏吧！

我的大作？

嗡——在天上自由翱翔的感觉真好啊！

你造了架飞机啊。好酷啊！

但是你会开飞机吗？

居然是游乐园的游乐设施！

目录

阅读指南

致读者

《我的世界》光速上手指南

- PC 版的界面 …… 2
- Play station & Xbox 版的界面 …… 3
- PE 版的界面 …… 3
- 地形丰富多样 …… 4
- 动物 & 怪物图鉴 …… 8
- 选择游戏模式 …… 12
- 方块的使用方法 …… 13
- 《我的世界》入门技能 …… 14
- 《我的世界》实用技巧 …… 15

大明星们建造的超豪华世界 Top10

- 在《我的世界》建造了日本列岛 …… 16
- 装置绘本！不可思议的爱丽丝世界 …… 18
- 那本漫画中的龙出现在眼前 …… 19
- 飞向宇宙——银河战争的世界 …… 20
- 飘浮在空中的城市 …… 21
- 仿若实物——当地铁道之旅 …… 22
- 来吧，你也搬来舞仓市吧！ …… 24
- 灯火辉煌的城堡 …… 25
- 漂浮在海上的魔法之城 …… 26
- 知名动漫中的浴池 …… 27

完全称霸我们的房屋建造

- 简单易学的小木屋 …………………… 28
- 带有尖塔的城堡式房屋 ……………… 30
- 住在日式城堡中 ……………………… 32
- 树上的树屋 …………………………… 34
- 广袤土地下的宽敞房屋 ……………… 36
- 隐藏在森林中的我们的秘密基地 …… 38
- 漂浮在海上的船屋 …………………… 40
- 飘浮在空中的不可思议的别墅 ……… 42
- 超级暖和的雪屋 ……………………… 44
- 绚丽的玻璃教堂 ……………………… 46
- 带有庭院的日式房屋 ………………… 48

让房屋更加完美的室内装修大改造

- 现代家具与智能生活 ………………… 51
- 带有地炉的日式田园房间 …………… 52
- 全员集合！《我的世界》学园 ……… 53
- 前往有壁炉的山间小屋 ……………… 54
- 在国王的房间摆出架势来 …………… 55
- 前往便利店购物 ……………………… 56
- 去家庭餐厅吃饭 ……………………… 57
- 欢迎来到成人的酒馆 ………………… 58
- 阁楼里的儿童房 ……………………… 59
- 看起来真好吃！装满甜点的房间 …… 60
- 秘密基地般的房间 …………………… 61

建造世界名胜

- 挑战东京塔 …………………………… 62
- 你建造的街道变成了平民商业区？！
- 挑战浅草雷门 ………………………… 64
- 挑战世界上最不可思议的比萨斜塔 … 66

挑战复活节岛的石像……………… 68
挑战全世界最有名的自由女神像
……………………………… 70
挑战棒球的圣地甲子园球场………… 72
挑战神秘的印度泰姬陵……………… 74
挑战世界七大奇迹之一的金字塔和狮身人面像
……………………………… 76

制作带有机关的设施

有陷阱的巨大迷宫…………………… 79
有自动门的便利店…………………… 80
到了夜间就会开启的照明设施……… 82
会射出弓箭的陷阱…………………… 84
停不下来的过山车…………………… 86
发射 TNT 大炮……………………… 88
自动收割机…………………………… 90
用唱片和道具开门…………………… 92

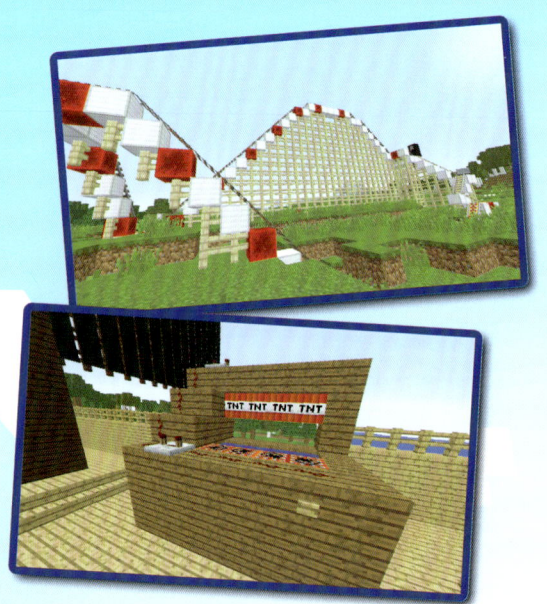

指令方块讲座

学会瞬间移动……………………… 95
在指定地点放出僵尸……………… 96
让夜晚瞬间变成白天……………… 97
下雨也能瞬间放晴………………… 98
瞬间建好豆腐房…………………… 99

附录　可以在工作台制作的建筑用方块…100

阅读指南

本书是以 PC/Mac 版的《我的世界》为基础编写的，PS Vita/PS4/PS3/Xbox One/Xbox 360 等版本的《我的世界》在操作及道具名称方面可能与本书有出入。请参照下表，掌握正确的操作方式及功能。

道具及功能的名称

本书（PC 版）	Playstation/Xbox 版
毒马铃薯	毒土豆
物品	携带物
女巫	魔女
末影珍珠	世界尽头的珍珠
金锭	金块
腐烂的肉	腐肉
原木	木头
马鞍	鞍座
附魔	技能
骷髅	骸骨
喷溅型弱化药水	弱化药水（喷溅型）

本书（PC 版）	Playstation/Xbox 版
煤块	煤炭方块
铁锭	铁块
下界	暗黑世界
下界传送门	暗黑之门
下界石英矿石	暗黑石英矿石
烤马铃薯	烤土豆
牧师	祭司
水桶	盛水的桶
烤鱼	料理过的鱼
岩浆桶	盛岩浆的桶
复活	重生

操作相关术语

本书（PC 版）	Playstation/Xbox 版
右键单击	L 键
左键单击	R 键
空格键（跳跃）	X 键
E	△键→拿起物品 □键→操作
F3	查看地图
F5（切换视角）	方向键上按键
Shift	方向键下按键

致读者

本书并非 Minecraft 的官方攻略，Mojang 公司和 Notch 先生对本书内容不负任何责任。

本书基于编纂时所获得的信息完成。本书发售后，游戏内容可能出现变更。

本书界面中的部分内容使用了"GLSL Shaders Mod"等插件，因此，即使根据本书进行了相同的操作，实际效果也可能同本书中的界面不一致。

本书中提及的公司名称、商品名称、软件名称均为各公司的商标或注册商标，在正文中不再标注。

最后，向为本书发行提供支持与帮助的《我的世界》的品牌准则（https://account.mojang.com/documents/brand_guidelines）及微软公司、Mojang 公司致以衷心的感谢。

《我的世界》光速上手

马上就能开始

PC版的界面

在这个界面可以操作角色

PC版界面的基本内容为：画面中央有光标，画面下方为工具栏。在进行游戏时，要不断更换工具栏中的工具。在生存模式中，工具栏上方还有生命值、饥饿值和经验值的显示条。

这是主人公

这个胡子大叔就是主人公，名字叫史蒂夫。因为这是一款外国游戏，所以角色风格有些不同。他在《我的世界》当中的人气可是很高的。

在物品栏界面中可以看到已有物品

在物品栏界面中可以看到已有的物品。在这里可以装备防护用具，还能进行简单的合成。

可以通过合成界面制作道具

把原材料放入3×3的合成栏中，就可以制作各种道具了。也可以通过工作台打开合成界面。

指南

Playstation &Xbox 版的界面

PS Vita、PS3/PS4/Xbox 360/One 版都被称作控制台版。控制台版的基本界面和PC版的界面基本一样，但是有自己专用的合成界面，只要选择需要制作的道具就可以完成，很简单。

主界面和PC版相同

物品栏界面

在物品栏界面下可以装备防护用具。这里和PC版基本一致。

合成界面不一样

合成界面是这样的。只要选择想要制作的工具，就可以自动制作，非常方便！

PE 版的界面

iOS版和安卓版被并称为PE版。PE版和PC版以及控制台版不同，生命值在画面左上方显示。饥饿值在0.11版中不存在，以后将会增加。物品栏的风格也很独特。

这是 PE 版的主界面

合成界面也简化了许多

可以清楚看到通过已有物品能制作哪些工具，非常方便！

地形丰富多样

就像地球上有沙漠、热带雨林等各种地形一样，《我的世界》中也展现了各种各样的自然风景。穿过森林抵达沙漠、徒步行进在无边无际的荒野和雪原之中……旅途中，多样的地形会让你眼花缭乱。

还有很多很多哦！

自然资源丰富的草原

可以获得的主要方块

 泥土　 橡木原木　 白桦木原木

 圆石　沙子

草原是开始《我的世界》时常见的出生点。这里草木丰沛，适宜农作物的种植，也很容易刷出动物，对于玩家们获取食物来讲是再好不过的地形了。夜间会涌现出很多怪物，因此需要尽早找到安全的场所。

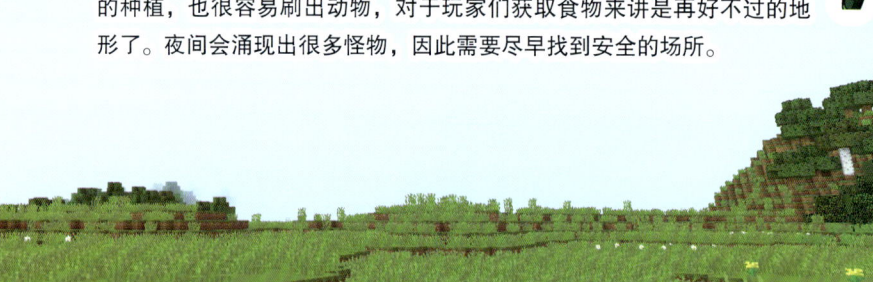

森林 / 热带雨林

可以获得的主要方块

 丛林木原木　 橡木原木　 泥土

 蘑菇　可可豆　西瓜

 蕨　藤蔓

我们时常会在森林或热带雨林这种树木茂盛的地形中迷路。如果迷失了方向，可以通过太阳来辨别。由于日照不充分，有时白天也会出现怪物。

广袤的沙漠

可以获得的主要方块

沙子　沙石　仙人掌　甘蔗　圆石　木棍

放眼望去，漫天遍野都是沙子。植物只有野生的仙人掌，偶尔在水边可以看到一些甘蔗，树木全部枯死了。从1.9版本开始，破坏枯木可以获得木棍。

草原上的村庄

可以获得的主要方块

泥土　橡木原木　橡木木板　圆石　石头半方块　橡木栅栏　小麦　马铃薯　胡萝卜

在《我的世界》当中，存在着有村民居住的村子，在这里可以与村民们进行物物交换。村民们从事着各种各样的职业，根据他们的职业，可以交换不同的物品。

蘑菇岛

可以获得的主要方块

泥土　菌丝　蘑菇　蘑菇

蘑菇岛上寸草不生，长满了蘑菇，令人毛骨悚然。覆盖地表的菌丝十分有助于蘑菇生长。这里不仅有小蘑菇，还有比人高出几倍的巨大蘑菇。

冰原上的壮美雪景

可以获得的主要方块

雪　泥土　冰　雪球　松木原木

这里是被白雪覆盖的银白世界。没有任何建筑物，生物也较少出没。水面上覆盖了一层冰，可以在冰面上行走。可以用铲子铲雪，做成雪球带走。偶尔还能见到美丽的雾凇。

怪物聚集的洞穴

可以获得的主要方块

圆石　沙石　煤炭
铁矿石　金矿石　红石矿石
青金石矿石　钻石矿石　绿宝石矿石

在地面上行走时，会遇到洞穴。洞穴可能会一直延伸到地下深处，此处蕴藏着地面上开采不到的珍贵矿石。但是，洞穴内十分昏暗，怪物也非常多。

留有旧时痕迹的废矿

可以获得的主要方块

橡木木板　栅栏　蜘蛛丝
铁轨　火把

在洞穴中探险，可能会闯入过去曾有人工作过的废矿。废矿当中铺设有许多铁轨，应该是过去用来搬运煤炭的。

《我的世界》光速上手指南

被悬崖包围的峡谷

可以获得的主要方块

圆石　沙石　煤炭

铁矿石　金矿石　红石矿石

青金石矿石　钻石矿石　绿宝石矿石

在洞穴或地表会见到非常深的峡谷。这里的矿石储藏量丰富，非常吸引人。但与此同时，怪物和岩浆也很多，探索时伴随着危险。要谨慎小心，不要滚落山崖。

迷之要塞

可以获得的主要方块

石砖　青苔石　裂石砖

铁门　橡木门　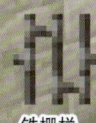铁栅栏

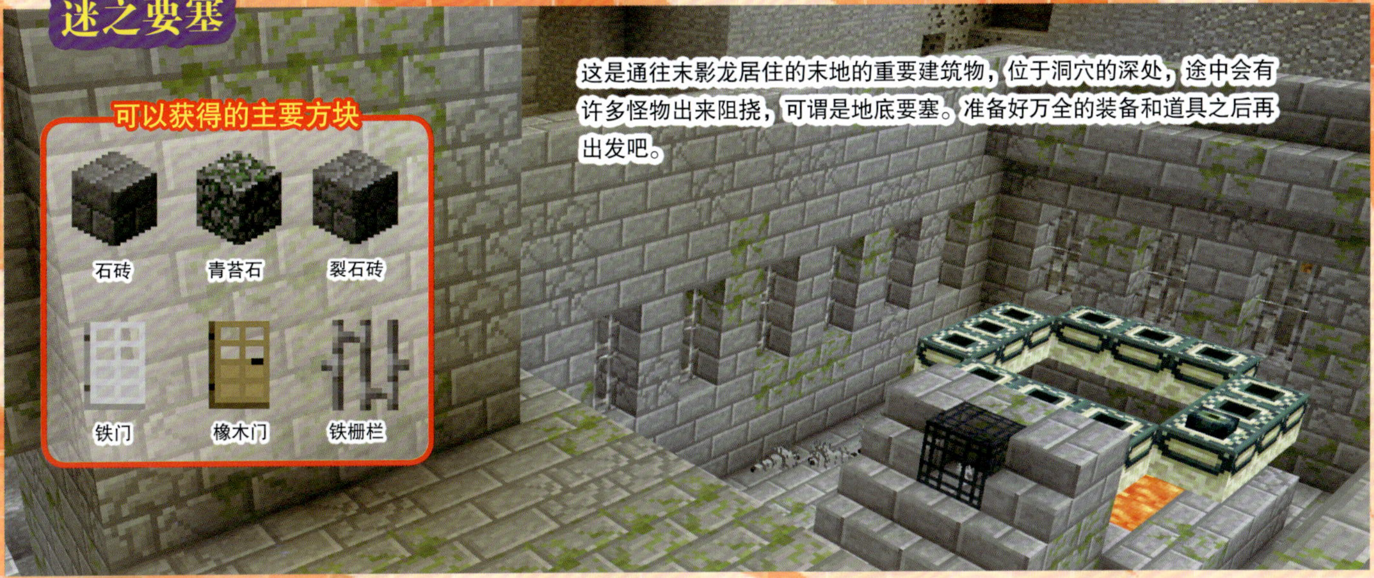

这是通往末影龙居住的末地的重要建筑物，位于洞穴的深处，途中会有许多怪物出来阻挠，可谓是地底要塞。准备好万全的装备和道具之后再出发吧。

下界

可以获得的主要方块

灵魂沙　地狱岩　地狱砖

下界石英矿石　萤石　下界石英　錾制石英

通过名为下界传送门的特别入口，可以前往这个黑暗世界。这里几乎被岩浆覆盖，还有着大量在地表绝对见不到的方块。怪物也比地表的更凶残！

动物&怪物图鉴

在《我的世界》里，栖息着许多动物，还有会袭击玩家的怪物。它们各具特色，充满魅力。只要打倒它们，就能够获得各种物品。

蘑菇牛

只存在于蘑菇岛，极为少见。可以制作能够恢复生命值的蘑菇煲，非常方便。

体力 ♥♥♥♥♥ 10　栖息范围 蘑菇岛

绵羊

从它身上获得的羊毛在《我的世界》中是利用价值非常高的物品。羊毛可以利用剪刀收集。

体力 ♥♥♥♥ 8　栖息范围 地表

鸡

每隔7~8分钟就会下一次蛋。如果在草原上发现了鸡蛋，说明附近有鸡。

体力 ♥♥ 4　栖息范围 地表

猪

到处都有猪，但是它们除了食用价值以外没有任何用处。如果有马鞍，可以把它当坐骑。

体力 ♥♥♥♥♥ 10　栖息范围 地表

兔子

外表可爱，同时能够从它身上获得许多物品，比如兔子肉和兔子腿。

体力 ♥♥♥ 5　栖息范围 地表

牛

可以挤出牛奶、获取牛肉，是一大食物来源。同时，还能获得牛皮等防护用具的制作材料。

体力 ♥♥♥♥♥ 10　栖息范围 地表

乌贼

栖息在海洋、水池等大范围的水域内。外表看上去很恶心，但是不会袭击玩家。

体力 ♥♥♥♥♥ 10　栖息范围 水中

狼

相较于牛或者绵羊，狼较为少见。可以把它驯养成伙伴，一起对抗怪物。

体力 ♥♥♥♥ 8　　栖息范围 地表

雪傀儡

并非自然存在的生物，通过在两个雪方块上面放一个南瓜来制作。雪傀儡对自己的制作者会非常友好。

体力 ♥♥♥ 6　　栖息范围 地表

豹猫

极为少见的珍稀动物。对人类的警戒心很强，一旦人类靠近，会立刻逃走。有些豹猫的毛色会略有不同。

体力 ♥♥♥♥♥ 10　　栖息范围 地表

僵尸

这是《我的世界》当中最常见的怪物，最喜欢暗处，到了夜晚就会突然出现。

体力 ♥♥♥♥♥ 20　　攻击力  3
（普通难易度）

马

在草原上较为常见的动物。还有马驹、骡子和驴。驯化之后，安上马鞍就可以骑了。

体力 ♥♥♥♥♥♥♥ 15　　栖息范围 地表

骷髅

会使用弓箭从远处攻击玩家。在游戏初期，是玩家相当强劲的对手。

体力 ♥♥♥♥♥ 10　　攻击力  2
（普通难易度）

铁傀儡

铁傀儡守护村子，受到村民们的信赖。它随着村子里的人口数量的增加自然生成，能够击退进攻村子的敌人，并给予强力的一击。

体力 ♥×50　100　　栖息范围 村庄

爬行者

靠近玩家之后会"咻"的一声爆炸。昼夜都能活动，千万别疏忽，它很可能在你背后爆炸。

体力 ♥♥♥♥♥ 10　　攻击力（爆炸）24
（普通难易度）

蜘蛛

昼夜都会现身，白天较为温和，夜间则会主动攻击玩家，还能够攀岩走壁。

体力 ❤❤❤❤ 8　　攻击力  1
（普通难易度）

女巫

生活在湿地隐秘的房屋内。第一眼看上去很像村民，但是会向玩家投放具有负面效果的药水。

体力 ❤❤❤❤❤❤❤ 13　　攻击力  3
（普通难易度）

洞穴蜘蛛

和普通蜘蛛最大的区别是有毒。一旦在洞穴中遇到它，即使是老玩家也有可能陷入濒死状态，它是非常危险的怪物。

体力 ❤❤❤ 6　　攻击力  1
（普通难易度）

海洋守卫者

自1.8版本起增加的栖息在海底遗迹的海洋怪物。它会出现在海底神殿的附近或内部，对周围的生物发起攻击。

体力 ❤❤❤❤❤❤❤❤ 15　　攻击力  3
（普通难易度）

史莱姆

栖息地不明的怪物。一旦受到玩家攻击，就会分裂变小。

体力 ❤❤❤❤❤ 20　　攻击力  2
（普通难易度）

远古守卫者

栖息在海底遗迹的强化版守卫者，是个小型boss。体力和攻击力都比守卫者更强。

体力 ❤×20 40　　攻击力 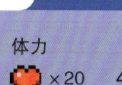 4
（普通难易度）

末影人

能够不断瞬移的末影人。最开始不会发动攻击，但是会把和自己对上视线的玩家当作敌人，并发起攻击。

体力 ❤×20 40　　攻击力 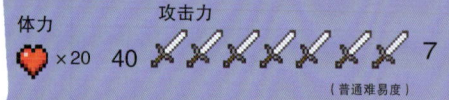 7
（普通难易度）

恶魂

它会发出孩童般的叫声，飘浮在空中。在下界的怪物当中出现最为频繁，会主动靠近玩家。

体力 ❤❤❤ 5　　攻击力  8
（普通难易度）

僵尸猪人

下界的怪物。平时对玩家较为温和，一旦玩家发起攻击，附近的僵尸猪人便会同时进攻。绝不能大意。

体力 ♥×20 40　攻击力 🗡🗡🗡 4
（普通难易度）

烈焰人

栖息在下界要塞的怪物。身边有保护它的烈焰棒飞舞。不分地形，会一直攻击玩家。

体力 ♥♥♥♥♥ 10　攻击力 🗡🗡🗡 3
（普通难易度）

岩浆怪

像史莱姆一样的怪物。一旦受到攻击就会分裂。和史莱姆不同的是，即使变小，攻击力依旧很强。

体力 ♥♥♥♥ 8　攻击力 🗡🗡 3
（普通难易度）

凋零骷髅

栖息在下界要塞的怪物。它和骷髅不同，会使用剑来攻击玩家。它个头很高，受到攻击后会隐藏生命值。

体力 ♥♥♥♥♥ 10　攻击力 🗡🗡🗡 4
（普通难易度）

末影龙

《我的世界》中终极boss一样的存在，是游戏里的怪物中体形最大的一个，非常厉害。对于在空中翱翔的末影龙来说，使用弓箭攻击较为有效。带上充足的弓箭去挑战它吧。

末影龙蛋

如果战胜了末影龙，末影龙蛋就会出现。破坏掉龙蛋下面的方块后，放上火把就能够获得龙蛋。

凋零

和末影龙同等级，可谓《我的世界》当中的终极boss。它的速度非常快，很厉害，会无差别地攻击除了骷髅、僵尸等不死系生物之外的一切生物。

会无差别攻击

使用灵魂沙和凋零骷髅制作凋零，可以很快进入战斗状态。但是它会无差别地攻击周遭事物，所以需要注意制作场所。

选择游戏模式

《我的世界》主要分为两种模式，两种模式各具特色，大家要好好掌握，然后依据自己的需要选择游戏模式。还有难度最大的极限模式可以选择！

刺激度满分的生存模式

创造世界时，作为初期状态被选定的是生存模式，即在《我的世界》当中靠自己的力量生存下去的模式。一旦被怪物攻击或是跌入岩浆，生命值、饥饿值、经验值就会减少。生存模式下，方块资源也较为有限。

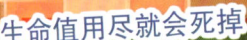
怪物会来袭击的

生存模式是比较接近RPG的模式。和怪物作战、开采原材料、合理利用有限的资源，需要玩家绞尽脑汁、发挥才智。

生命值用尽就会死掉

一定要经常关注生命值。生命值用尽就会死亡，然后回到最后一次睡觉的地点或是游戏开始时的地点。各种物品会散落在死亡地点。

工具和资源有限

在生存模式中，资源是有限的。制作道具、建造房屋都需要方块。尽量多收集方块，之后的工作也会更加容易。

重视建筑的创造模式

创造模式当中不存在生命值和饥饿值。怪物不会攻击玩家，岩浆等地形也不会对玩家造成损伤。游戏的趣味减少了，却可以充分享受建造的乐趣。这是非常具有创造性的模式。

还能飞上天

迅速地按两次跳跃键就能够飞上天。蹲下就能够回到地面。

工具和方块想怎么用就怎么用

可以在不同界面之间切换选择方块。所有方块都能够无限使用，可以尽情建造房屋。

《我的世界》光速上手指南

方块的使用方法

玩《我的世界》时,最重要的就是学会使用方块。基本上是不断地进行破坏和创造,除此之外,还有开门、点火把等特别的操作。

步骤 1 尝试破坏方块

将画面中央的光标对准想要破坏的方块,连击鼠标左键。

想要破坏的部分

然后方块就会被破坏,并掉落物品。靠近物品吧!

破坏方块之后就能把它当作物品随身携带。基本上被破坏的方块和物品是同一种东西,但是石方块可能会变成圆石,红石矿石可能会变成红石,有时也会变成不同的方块。此外,玻璃被破坏后并不会变成物品,而是会碎裂。

靠近物品时,被回收的物品会进入工具栏。工具栏满了就会转入物品栏。

步骤 2 放置方块

将画面中央的光标对准想要放置的位置,就会出现代表可以放置的黑框。直接点击鼠标右键吧!

想要放在这里

工具栏中的物品被放置在了画面中央。角度不同,有些方块看起来也会不同,比如熔炉。

物品化的方块可以放置在别的地方,重复这一步骤就能够建造房屋。放置方块需要点击鼠标右键。这样一来,工具栏中的物品就会被放置在画面中央的光标处。

步骤 3 使用具有各种功能的方块

安装一扇门,试着开关一下吧。将画面中央的光标对准门,点击鼠标右键打开门吧。

这样一来,关着的门就会被打开,能够进出了。关门时只要再次将光标对准门,点击右键即可。

门或者栅栏门在安装后可以开、关。还有一些类似于按钮、手柄之类的可以活动的方块,只要将光标对准这些方块,按下鼠标右键即可操作。

13

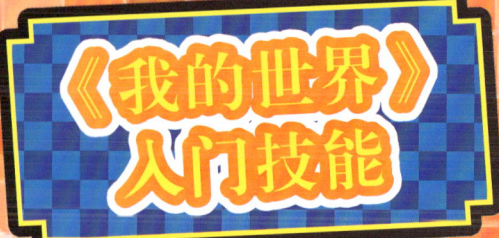

《我的世界》入门技能

为了能够尽快建好房屋，需要掌握基础的技能。创造模式自不必说，生存模式中也需要在天黑前尽快建好房屋，如果能够做到这一点，冒险也会更加轻松。

步骤 1　将方块高高堆起

想要把方块高高堆起，就需要熟练地调整视角。首先，在地面上放置一个方块，然后登上去。接下来，看向正下方，同时按住空格键和鼠标右键，并一直按住，方块就会越堆越高。

放置时把握好平衡

登上方块，把视角调整至看着正下方。接下来，按住空格键和鼠标右键。

接着，不断跳跃和放置方块，方块就会越堆越高。

步骤 2　迅速铺好地板，建造墙壁

想要迅速建好平面，就需要先决定好外框，这样可以避免建得过大或过小。定好外框之后，旋转着铺装方块吧。这样就能够以惊人的速度建好地板、天花板等平面。

首先建好四方形的外框。这时候要先想好建筑物的大小。

沿着外框呈螺旋状地放置方块，可以节省步骤，迅速地铺好方块。可以一直按住鼠标右键。

一个平面瞬间就能铺好。地板和天花板都能够通过这个方法来缩短铺装方块的时间。

步骤 3　把地基建得更复杂些

房屋的结构很重要。经常会出现需要进行内装的时候才发现房间不够、放不下物品的情况。为了避免这种情况发生，一开始就要决定好房屋的大小。建好"L"形或"コ"形的地基，能够帮你迅速脱离初学者阶段。

在地面挖出1个方块深的坑，垫入圆石，形成外框。制作一个"L"形的房子吧！

房子建得很漂亮

打好地基后，就可以简单地建造房屋。

这是"コ"形地基的房屋，看起来就像洋房一样，非常帅气。

《我的世界》光速上手指南

《我的世界》实用技巧

四方形的房屋被称作豆腐房。城堡、豪宅等较为豪华的房屋的形状会更为复杂。熟练了操作之后，就能够摆脱豆腐房了。赶紧掌握使用技巧吧！

步骤1 建造圆形的地基

掌握圆形地基的建造方法之后，房屋建造的方法也会更加多样。它的诀窍就在于不断地减少方块，一点点向内部放置方块。例如，先摆好4个方块，然后向内侧移动1个方块的距离，并放置3个方块，接下来是2个方块。这样一点点地改变方块的配置，就能摆出漂亮的圆形。

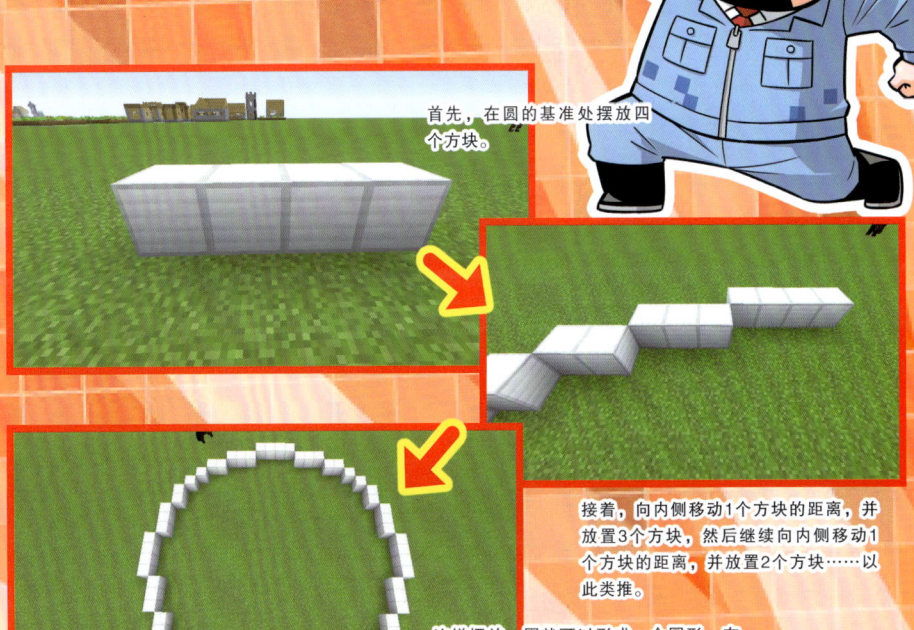

首先，在圆的基准处摆放四个方块。

接着，向内侧移动1个方块的距离，并放置3个方块，然后继续向内侧移动1个方块的距离，并放置2个方块……以此类推。

这样摆放一圈就可以形成一个圆形。在此基础上建造墙壁，就能够建成一栋圆柱状的建筑。纵向也按照同样的方法建造，还能够建成蛋形建筑。

步骤2 建造一个漂亮的屋顶

想要迅速脱离初学者阶段，一个比较快的方法就是建造屋顶。使用台阶方块，可以简单地建造漂亮的屋顶。如果能够多下点功夫，就能够建造出与众不同的屋顶，建筑物的造型也会愈加丰富。请大家务必尝试一下。

在屋顶内侧再加上一层台阶方块，屋顶平面的差异大小也会更加平均。

最开始的第二层和第三层使用半方块，屋顶顶层使用普通方块，就能够建造出尖帽子形状的屋顶了。

这是仅仅使用了一层台阶方块建造的造型，虽然不错，但是还可以更进一步。

巧妙地收集花草的方法

花草等物品无法直接用手收集，实际上只要破坏下方的泥土方块就可以收集花草。如果遇到看上去无法收集的方块，在破坏它之前，先试试能不能通过破坏下方的方块来使其物品化吧。

花草等部分物品，有时只要破坏其下方的泥土方块就可以收集。

大明星们建造的超豪华世界

无论是多厉害的大师，一开始也只会制作豆腐房。努力之后，就能够建造漂亮的屋顶、二层小楼、三层……四层……所谓积土可以成山！不断堆放方块就能够建起城堡！

以《我的世界》的大明星为目标

在这一章，将为你介绍《我的世界》的大明星们建造的超级豪华的世界。有重现了知名电影的世界，还有浮在海上的魔法城堡，敬请期待。那么，第一个为你介绍的就是日本！居然有人用1∶50的比例将日本本土和周边岛屿全都制作出来了。而且，不仅还原了地形，连生态环境都重现了。来吧，你也来学习他的超级技能，为成为未来的《我的世界》的大明星而努力吧！

在《我的世界》建造了日本列岛

世界遗产富士山

被列入世界遗产的富士山，在它的山麓地带有树海，那里被一片深绿色包围。在富士山的山顶，全是沙砾、小石块，富士山的身影在《我的世界》当中也是那么美丽。当然，富士山是可以攀爬登顶的哦！

残留至今的岩浆痕迹

在伊豆群岛的北部有一座伊豆大岛。日本的火山很多，伊豆大岛上也有一座叫作三原山的活火山。过去火山喷发后留下的岩浆痕迹一直残留至今，这一点在《我的世界》当中也完美重现了。

Top10

世界数据

世界名称	Vostokraft Nippon
管理员	vostok(@vostok061)
网址	http://harutori.yu-yake.com/
是否使用 MOD	否

（但是在生成世界时使用了外部工具）

周末在家里好好享受温泉

被一片深绿包围的温泉胜地

水上高原奥利根湖为壮美的大自然所包围，水上温泉就在这附近。在这里优哉游哉地泡温泉也是一个不错的选择。到了秋天还能享受美味的菌菇料理。但是，最好还是小心巨大的红色蘑菇！

神秘的摩周湖

最后飞到北海道，来到日本亮度最高的湖——摩周湖。在晴空万里的日子里，湖面的颜色被人们称作摩周蓝。仔细看这张图片，画面中央好像有什么东西，难道是未知的神秘生物吗？

超级技巧在这里

制作原创生态环境

在伊豆大岛出现的火山高原上，岩浆已经流走，生命力旺盛的野草开始疯长。可以用圆石、花岗岩、草的组合来表现这种生态环境。

使用大数据来制作《我的世界》

哪怕是地形复杂的东京湾，也能用航空照片的感觉重现。这是一个特殊技巧，就是将相关机构公布的准确信息数据化，然后利用外部软件来生成世界。

装置绘本！不可思议的爱丽丝世界

打开书本，好神奇，仙境中的爱丽丝就像是从绘本中跳出来了一样，掉进兔子洞的她马上就落到地面了。白兔子完全没有救她的意思，稳稳地坐在书架上。红心女王一定就住在那个巨大的城堡里！来吧，一起前往爱丽丝的世界！

跳进书中的爱丽丝的世界

世界数据

世界名称	Alice in Minecraft
管理员	RC 男
网址	http://www.nicovideo.jp/watch/sm25395811
是否使用 MOD	光影 MOD（Chocapic13' Shaders）
参考书目	《爱丽丝梦游仙境》 路易斯·卡罗尔 著

爱丽丝世界的整体构图

打开书页，爱丽丝的仙境世界就从书中一跃而出。主人公爱丽丝、戴着丝绸帽的白兔子、红心女王居住的城堡、巨大的时钟……最厉害的是，这些看起来全都非常真实。巨大蘑菇菌帽内部的褶皱都是可以制作的。

超级技巧在这里

跌入洞穴的爱丽丝

爱丽丝追着白兔子跌进了洞穴里。飞舞的发丝、翻飞的裙摆都一目了然！就像是画画一样，要认真观察参考的故事情节来堆积方块。

立体物品要搭成多层结构

在制作植物等物体的曲线时，通常很难体现出立体感。这里有一个绝招要教给大家：将方块一层一层搭建起来，物体看起来就会很有层次感，像是在向上生长一样。这朵玫瑰花的每一片花瓣，看起来都栩栩如生。

使用这个技巧，城堡的圆形拱顶的搭建也会很简单。最重要的是，在搭建时脑海中要想出建成后的样子。建造这个城堡的人是按照红心女王的形象来搭配城堡的颜色的！

那本漫画中的龙出现在眼前

集齐七个龙珠,和龙就会出现。这是亚洲文化圈中源远流长的典型的龙的形象,龙的躯干很长,覆有绿色鳞片,目光锐利赤红,在实现你的一个愿望之后就会消失不见,集齐的龙珠也会飞往世界各地。寻找龙珠的旅程又要开始了。

无论什么愿望,都能帮你实现

世界数据	
世界名称	和龙
管理员	PERO
网址	http://www.nicovideo.jp/watch/sm21682671
是否使用 MOD	是

躯干蜿蜒,浮在空中。建造曲线的物体有一个诀窍,就是把方块按板块状排列。在制作这条龙时,它的身体两侧就堆叠了很多板块。此外,还有很重要的一点,你发现了吗?

超级技巧在这里 传达出龙的气势所要下的功夫

这里也有超级技巧!为了体现龙的神秘感,要制作神秘的背景。仔细观察,就能发现浮岛之间是由爬山虎连接的。这是因为和龙的概念是一个秘境。这能让帅气的和龙变得更霸气,good idea!

这里也有超级技巧!不要让躯干两侧太过平整,否则看起来会很死板,要把方块拼出藤蔓花纹的感觉。除此之外,自古流传的日式花纹还有很多,你也来试试看吧。

龙张开了它的血盆大口。从正面看时是这样的。这里也用了一个超级技巧!制作龙所使用的方块基本上是木板和羊毛,之后再通过自制的贴图来调整颜色。
※贴图是指使用 3DCG 的时候贴附在多边形(polygon)上的图像。

飞向宇宙——银河战争的世界

那部超级科幻大片在《我的世界》里再现了。首先,让我们坐上小矿车,好好欣赏一下这个广阔的世界吧。这里重现的是矗立在无垠沙漠中的主人公和机器人的雕像,还有宇宙战舰和宇宙要塞。

从这个沙漠星球开启遥远银河的旅途

世界数据

世界名称	Star Wars –A New Hope
管理员	PARADISE DECAY
制作时长	3 年
网址	http://paradisedecay.wordpress.com
数据公布	有

乘坐矿车在沙漠星球上行驶

重现了主人公的故乡——沙漠星球。银河帝国杀死了养育他的伯父伯母,于是他决定开始宇宙之旅。在这颗星球上,他遇到了绝地武士的师父,学会使用原力。在画面深处还能看到帝国陆军最为强劲的装甲陆战车。这里还有巨大的宇宙港口城市。

超强大的巨型兵器也充满魅力

这艘宇宙战舰连星系都能够破坏。方块数量多到电脑的处理能力都跟不上,如果你真的想用电脑来挑战大型世界,还需要提高配置哦。

来跟熟悉的角色们打个招呼

穿着像是柔道服一样的服装的主人公和大家熟悉的机器人来迎接玩家了。很久很久以前,在宇宙另一端开展的一系列故事的最新作终于要上映了。这个壮观的《我的世界》,相比电影也毫不逊色。

巨大的宇宙战舰和要塞

银河帝国的终极武器是一个卫星那么大的宇宙要塞,它发出的超级激光连行星都能够破坏掉。矿车行驶在这个要塞的干线上,让人联想到1977年上映的系列电影的第一部。

飘浮在空中的城市

这令人联想到那部著名的动画中的天空之城。虽然不会有女孩子从天上掉下来,但是从天上俯瞰世界的心情会很舒畅!在这个世界中使用的超级技巧,不仅能够重现电影当中的舞台,还能够当作冒险游戏来玩。在天空之城边冒险边解密会很有趣。这个世界就是这么厉害。

在云间飘浮的天空之城

世界数据

世界名称	飘浮在空中的城市
管理员	Hajikura☆mocchi
公开世界	http://ameblo.jp/mocchinohibi2/entry-11576988851.html
Twitter ID	@mocchinohibi
是否使用 MOD	无
所用工具	MCEdit
网址	http://www.mcedit.net

重现了知名动画中的天空之城

我们是可以登上天空之城的。仔细寻找,能找到许多电影当中的场景:最开始登上天空之城时看到的花园、盗贼团的飞船,还有主人公一跃而下的地方。当然,天空之城内部也是可以进入的。这里也有一个超级技巧!仔细看这些云朵,就会发现它们是用蜘蛛丝制作的!

超级技巧在这里

飞翔在空中的机械兵的制作方法

机械兵能够在空中飞翔。制作时所需要的素材有雨林万块、雨林木板、雨林楼梯,将素材拼装起来。机械兵的脸上装有物品展示框。

水车中饱含着作者的感情

你还记得这个水车和风车吗?这是动画的标题过后紧接着出现的风景,动画作者用此营造出了风力从齿轮到引擎的感觉。

《我的世界》非常自由,要领就是享受建造。要来《我的世界》当中游玩哦!

仿若实物——当地铁道之旅

接下来要介绍的可是一个煞费苦心的杰作。大量使用铁道MOD，就能够在《我的世界》中制作铁路和微缩模型了。完成这个世界总共需要十六个人呢！大家相互配合，建造大型世界也会相对容易。你也通过《我的世界》来寻找伙伴吧！

使用MOD会使世界变得更真实

比如说山、山谷间的桥、行驶在桥上的火车，在这个场景中是否使用MOD，给人的感觉大有不同。大图当中岩石的色调很暖，阴影也很真实。但是没有使用MOD的参考图中，岩石裸露着，看起来十分冷清。未使用MOD的图片当中使用的方块是花岗岩和安山岩。

超级技巧在这里

不使用MOD就会很简单

没有使用MOD的世界被玩家们称作"香草"，因为就像是无添加的香草冰淇淋。也就是说，如果用冰淇淋来作比较，MOD就像是草莓或是薄荷的味道。

《我的世界》小知识 —— 什么是MOD？

MOD是指改写电脑游戏的数据。比如说，在这张图片当中电车看起来很棒。MOD就是像这样改变游戏中角色、道具、车辆等的外观。MOD使用起来比较难，还是先向高手学习一下比较好。现在只要知道它的存在就好啦。

参考链接：http://www26.atwiki.jp/minecraft/pages/940.html

大明星们建造的超豪华世界 Top10

世界数据

世界名称	用铁路 MOD 制作《我的世界》微缩模型
管理员	mihune
网址	http://sp.ch.nicovideo.jp/mihune/blomaga/ar836326
是否使用 MOD	是
世界制作者	mihune/ 硬纸箱 /achi/chokkibukurin/komanazu/rutile/sawa/kimiru/menezu/shibehasu/hasukko/merino/hiyokomame/kiiko/ 和式 /sunou
资源包	Conquest http://www.minecraftforum.net/forums/mapping-and-modding/resource-packs/1242763-conquest-wip-weekly-updates

从车窗中看遍超豪华的世界

这也是在日本常见的风景。第一眼看上去是稻田，仔细一看并不是水稻，而是小麦。金秋时节，小麦也到了收获的季节。铁道旁丛生的野草也有一种特别的味道。

穿过长长的国境隧道，就到了雪国……疾驰在日本的美丽冬景之中的就是 583 系特快列车。在建造香草时所使用的方块是在草块上面装饰了雪块。当然，冰块也是不可或缺的。

最后在悬崖上建造了一个类似京都清水寺的建筑，下面则是西式的拱形铁道桥。开始泛黄的阔叶植物、四季常青的针叶植物……仅这一张照片，就涵盖了许多日本的风景。这种沙盒的感觉也是《我的世界》的乐趣之一。

> 和伙伴们一起制作，就能建造出非常漂亮的世界！谢谢大家提供这么棒的作品！

来吧，你也搬来舞仓市吧！

找遍日本也找不到这样的地方，这里是闪亮王子制作的只存在于《我的世界》中的城市。对，所以叫作舞仓市（日语当中和"我的世界"同音）！你发现这点了吗？想要搬来这里很简单，只要把公开的世界数据保存下来即可。仅靠一人之力就完成这么大的城市建造，实在是太厉害了！

《我的世界》中的大都会

世界数据

世界名称	舞仓市
管理员	闪亮王子
网址	http://www.planetminecraft.com/project/city-of-maikura-japanese-mega-city/
是否使用MOD	是

这个临海新城的左侧是商业街，海滨处则是高层公寓。舞仓市公共交通发达，有"CR箱日本"铁路公司、民营铁路公司的舞仓铁道，还有舞仓市交通局管理的舞仓市地铁。当然，还有机场，出行非常方便。

在舞仓市漫步

从舞仓市上方俯瞰，可以看到马路上有许多车辆在行驶。放大来看，就会发现这些车辆是用红色羊毛方块排列出来的，制作非常简单。在路上摆满羊毛车，就能制造出交通堵塞啦。

在舞仓市的机场中有两架飞机在等待着乘客。即使从远处也能分辨出是哪家航空公司，这是因为红色、黑色的商标非常醒目。虽然只是用红色和黑色羊毛简单摆出来，但还是能让人明白这是日本的航空公司。

公寓不只外表好看，最厉害的是，公寓中的每个房间的内部都装修完毕了。高级典雅的客厅因为火把的照明，令人感觉非常舒适。

灯火辉煌的城堡

在阳光的照耀下熠熠生辉的城堡,美丽的公主一定住在里面吧。城堡所在的城市的色调也非常柔和,很养眼。建造这个城市的 kuryu 说:"我是看着 YouTube 和 nico nico 动画一点一点从细节学起的,很快就变得很厉害了。"

欢迎来到梦幻世界

这个世界的最大特征就在于它的透明感。在询问 kuryu 使用了什么技巧时,他说使用白色方块、石英、白桦等,能够让整个世界的色调统一起来。屋顶使用蓝色方块,看起来会很清爽干净。来吧,让我们前往这个梦幻世界吧!把方块的颜色统一起来,整个世界的风格也会更突出哦。

世界数据

世界名称	Ei Stlas
管理员	kuryu
网址	http://www.nicovideo.jp/watch/sm23683121
播出社区	http://com.nicovideo.jp/community/co1770720
是否使用 MOD	是 (ShadersMod/LotMetaBlockPack)

超级技巧在这里   带来光明

这座城堡之所以被光芒所笼罩,也是有其理由的。这个超级技巧你也能掌握!配合太阳光照的方向建造城堡,就能够形成阳光直射的效果。

乍看上去,城堡很复杂,不过貌似 kuryu 在修建前并没有做整体规划,只不过是觉得什么好看就装上什么而已。大家也在建好建筑物之后一点点把房子改大吧!

城堡所在的城市使用了许多柔和的颜色。去图书馆查一查欧洲风情的房子都长什么样,然后你建造的城市一定会比小伙伴的更棒!多查查哥特式建筑的模样,建造城堡时也不用心慌。

漂浮在海上的魔法之城

在碧海青天之中耸立的白色城堡，就像是角色扮演游戏中会出现的场景，魔法少女就住在这里。据建造者甘miya说，虽然城堡基本建造完成了，但是只完成了整个王国的百分之十！这个世界越来越让人难以移开视线了呢！

《我的世界》中的魔法少女居住的城堡

世界数据	
世界名称	魔法城堡 米尔费奥利
管理员	甘miya
网址	http://www.nicovideo.jp/watch/sm24017345
是否使用MOD	是

在碧水绿植之中耸立着辉煌的魔法少女的城堡。外观以白色为基调是有理由的哦——为了让城堡庭院里种植的植物和树叶的绿色更加明显。《我的世界》的大明星们不仅对建筑的造型很讲究，连颜色的均衡都会非常在意。当然，也可以进入这座魔法城堡内部。来吧，进入魔法城堡探险吧！

好棒呀！

超级技巧在这里　城堡的内部装潢也要多留心

房子内没有照明就会一片漆黑。单纯的火把会冒黑烟，使用红石火把则只会有赤红的火焰在摇摆，而使用萤石和玻璃会非常有格调。稍微下点功夫就能让房间看起来非常豪华。

建造好城堡之后，马上开始内部装修吧。《我的世界》当中有多种多样的素材，有规则地摆放方块就能铺出有着原创花纹的地毯。这张照片当中使用了三种材料哦。

装饰一下庭院也不错呢。种上美丽的花，修建一个喷泉，和会难得，就当自己是个建筑家，想象你想要住的城堡来建造会非常开心！放几只兔子当作宠物也不错。

知名动画中的浴池

闯入神秘世界的少女在巨大澡堂中大显身手的那部日本国民级动画影片，也在《我的世界》当中出现了。制作者是 Alan Becker，他是美国人。联系他时，我们表示想把这个世界介绍给日本的玩家，没想到他居然用日语回复说好厉害。据说 Alan 非常喜欢日本的动画。

有付出就有回报，把所有素材都尝试一遍

大大的招牌上面写着"油"字。这是一家澡堂，烟囱中冒出了浓烟，庭院中种着松树，玄关处还挂着门帘。这到底是怎么做的呢？去高手的世界游玩的时候，一定要好好观察他们使用的材料，通常都会令人惊讶哦。

这是我最喜欢的动画！

世界数据

世界名称	Spirited Away
管理员	Alan Becker
网址	http://www.alanbecker.net
是否使用 MOD	是
数据公布	服务器公开

超级技巧在这里 仔细观察吓一跳

从空中俯瞰澡堂的话，会发现一条龙正在战斗。这条龙也是必须近看才能发觉。龙角是把手做的，龙眼是按钮做的。它的嘴居然是用招牌做的哦。

这张是浓烟的照片。烟一般使用蛛丝制作，但是在这里使用了黑曜石。用石方块来制作烟，是多么有创意的想法！黑色的浓烟正在缓缓升腾呢！

上方大图中左下角有一棵开着红花的树。仔细观察就会发现，树干实际上是用土块做的，土块上面放着罂粟花。但是从远处看就只是一棵开着红花的树而已。

澡堂的墙壁上挂着许多画。日本的澡堂里喜欢挂富士山的画，但这里并非如此。画的种类也根据大小而不同。你也来多多尝试吧！

豪华！带有尖塔的城堡式房屋

外国的城堡都有尖尖的高塔。只有一座塔显得有些单薄，建两三座塔，城堡看起来会更气派。如果想要更豪华，可以在塔身周围建起高墙。这样就能建成童话般的城堡了。

需要使用的方块有这些

 羊毛　 天蓝色羊毛　 红色地毯

全神贯注建造吧！

建起高塔，搭起高墙，城堡就建好了

步骤1 建起高塔

建造圆形的塔身（地基）

首先摆好4个方块，然后不断减少方块，接着2个、2个、1个、2个、2个地连接起来。这样重复四次就能形成圆形了。

堆起方块，尽量把塔身建高

在地基上不断堆放方块。高度不够就不是城堡了，所以要尽量建高些。高四十层左右就会很好看了。

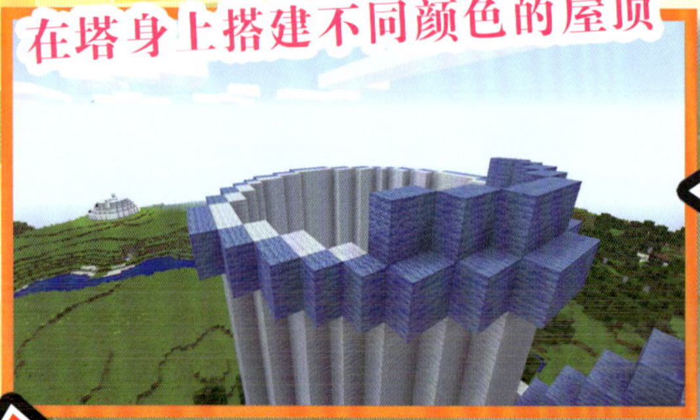

在塔身上搭建不同颜色的屋顶

首先要在塔身外侧放置两层天蓝色的羊毛。之后在塔身（灰色羊毛）上堆放两层天蓝色羊毛。

建一个尖顶

想要在塔身内侧堆放方块，需要在蓝色羊毛内侧放置一层灰色羊毛。之后，在灰色羊毛上面放置蓝色羊毛。不断重复这一步骤就能够建造出尖顶。

POINT 在旁边建造另一座塔

紧贴着第一座塔来建第二座塔吧。缩小塔的尺寸，比第一座建得小一些。小的圆形地基要按照3个、2个、1个、1个、2个方块的顺序放置。摆成图中的样子吧。

超帅气！住在日式城堡中

日本有许多像姬路城、熊本城的雄伟城堡。想必大家都很想尝试建造天守阁。实际上，迷你版的城堡建造起来出乎意料的简单。厚实的石质地基、黑白相间的凸凹城墙、突出的三角形屋顶……来尝试制作独属于你的城堡吧。

需要使用的方块有这些

圆石　圆石半方块　圆石台阶　石英方块

石英台阶　灰色羊毛　活板门　深色橡木栅栏门

在石质地基上搭建城墙和屋顶，看起来更像城堡

步骤 1　搭建地基

搭建正方形的地基

使用圆石，搭建11×11个方块的地基。搭建正方形地基能使三角形屋顶更加平衡。

用台阶方块建出厚重感

在圆石地基外侧放置台阶方块吧。这样一来，地基的石墙看起来就像是非常厚实地打在地上一样。

层层堆放圆石，建出石墙

在地基上面堆放圆石。在这里要堆放两层。如果石墙太高，屋顶的平衡感就会变差，一定要注意！

在正面制作入口

制作正方形的地基会让人分不清前后左右，因此要在城墙上开好门，以此来决定城堡的正面。

POINT　利用压力板制作自动门

在门前放置木质压力板，一靠近门口，门就会自动开启。在门内也放置压力板，从屋内出门时，房门也能够自动开启。

完全称霸我们的房屋建造

步骤2 建造城墙

用黑色的城墙建出帅气的城堡

日本的城堡几乎都是白墙或黑墙，那就选用帅气的黑墙吧。堆放灰色或黑色羊毛，制作城墙。

倒着放置台阶方块，用作装饰

决定像不像城堡的就是这一招。倒着放置台阶方块，让屋檐凸凹不平。使用白色的石英台阶，让它更显眼一点。

用台阶方块制作屋顶

步骤3 制作屋顶

首先要在内侧一层一层地搭建台阶方块，做一个简单的屋顶。在最下方用半方块制作出从墙壁当中延伸出来的部分。

用栅栏门做出窗格

城墙建好后，做出窗格当作装饰。窗格就是和风建筑的窗户外安装的栅栏。使用栅栏门可以做出窗格的感觉。

破坏一部分屋顶，留出三角形空隙

破坏部分屋顶，如图所示，搭建突出的三角形屋顶吧。用白色的石英台阶做装饰会更有城堡的感觉。

在前后左右都搭建三角形屋顶

三角形屋顶是城堡的最大特征。在前后左右都搭建三角形屋顶，这样无论从哪个方向都能够看到。

在最上层再搭建屋顶

堆起两层城墙，制作屋顶。一层层地斜着搭建台阶方块。要点是，也要使用白色台阶。

POINT 使用活板门来做窗户

把活板门安装在墙上当作窗户吧。直接把活板门安上城墙，看起来就像是横插进墙一样。要先转变方向，再纵向地安装在墙上。

我的城堡！

感觉自己当上了城堡主

超棒！树上的树屋

培育树苗，搭建树屋

需要使用的方块有这些

 橡木原木　 橡木树苗　 红色羊毛　 黄色羊毛

 书架　 深色橡木门　 梯子　铁栅栏　 泥土

大家都想住在自己搭建的树屋里，而在《我的世界》中能轻松建造树屋。重点是树苗，树苗会长成大树。在小屋周围或屋顶种下树苗，只要等几天，就会变成漂亮的树屋了。

步骤 1　建造巨大的树木

制作大树干的地基

摆放原木方块。制作出圆形地基，看起来就像大树了。建造树屋时，大树会更加平衡。

在地基上堆放原木

在地基上堆积原木。这将成为树屋的中心。在这棵大树的周围搭建小屋吧。

搭建搭载小屋的平台

在大树侧面接起原木平台，就像是树木伸出来的枝干一样。这里的重点在于，搭建出的平台面积要考虑到小屋的大小。

POINT　下点功夫，搭建出豪华大树屋

在地基下方，随意摆放些原木，做出树根横陈的样子。再开个房门就可以进入大树内部了。

好厉害！广袤土地下的宽敞房屋

想要尽快建好房子的时候，建个地下室是最好的选择了。只要搭好通往地下的楼梯，之后不断向下挖掘即可。但是，仅仅如此还是会稍显寂寞。所以建一个能够射入阳光、舒适安心的地下室吧。建造错综复杂的地下通道也很有意思哦。

需要使用的方块有这些

 铁块　 石砖　 石砖台阶　 萤石

 深色橡木门　白桦树苗　火把

总之，要不断向下挖掘

会不会太黑了呀！

步骤 1　搭建楼梯

一边挖掘一边搭建通往地下的楼梯

首先在地面挖出2×4个方块的浅坑。在浅坑的一端放置台阶方块之后，再向下挖掘一层。不断重复这一步骤，就能够造出通往地下的楼梯。

挖出5个方块深的楼梯

如果地下室的层高是3个方块，包括天花板的厚度在内，楼梯至少要有5个方块的深度。

在入口放置方块

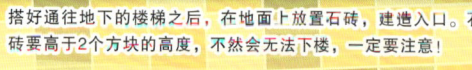

搭好通往地下的楼梯之后，在地面上放置石砖，建造入口。石砖要高于2个方块的高度，不然会无法下楼，一定要注意！

POINT　在悬崖边或山丘上搭建入口

想在悬崖边或山丘上搭建入口，可以在向下挖掘时挖出通往悬崖或山丘的通道。在那里还可以修建第二个入口。多修几个入口的话可以从各个方向出入了。

超开心！
隐藏在森林中的我们的秘密基地

需要使用的方块有这些

 圆石　 基岩　 石砖　 青苔石砖

 裂石砖　红色羊毛　 铁栅栏　 橡树叶　藤蔓

在树木繁茂的丘陵上依地势建造房屋

来建造一座蓦然耸立在森林中的遗迹般的秘密基地吧。要点在于选址，可以选在山谷、丘陵这种地势起伏的地方，最好树木繁茂。我们的目标是融入自然。开始选址吧！

步骤1 建造墙壁

建造自己的秘密基地吧！

寻找适合建造秘密基地的位置

想要建造隐藏在森林中的基地，那么有地势差异、树木茂盛的丘陵半山腰是最佳位置。就找这么一个地方吧。在山崖中间建造基地也会很帅气。

在前面一面墙上开凿入口

在前面的墙上开一个洞作为入口。一边破坏掉碍事的泥土和树木，一边放置台阶和门。

依照地势建起两堵墙

在前后两侧建起大小适宜的两面墙。重点是在建造时依地势而行。墙面也不要建成方形的，稍微有些参差，更容易融入风景。

 **POINT　用各种不同的方块制作墙面**

试着随机摆放不同的石块来修建墙面和建筑。石砖、青苔石砖、裂石砖、圆石、基岩等，其颜色、纹路各有不同。将它们混合运用，看起来就会很有遗迹风。

步骤 2 建造建筑物

在墙后建造方形建筑

利用后面一堵墙来完成一栋方形建筑物。组合运用各种石块搭配出遗迹风来。屋顶使用鲜艳的红色羊毛会非常酷。

开洞建窗

窗子开得小些会更像秘密基地。加入铁栅栏,看起来还像要塞。在窗子内侧放置火把,夜间还会泛出火光。

步骤 3 隐藏建筑

盖上叶子,做出建筑被覆盖的感觉

在墙上或是建筑物周围覆盖橡树叶等树叶方块。这样就能做出被树木覆盖的感觉。

POINT 放置台阶,建造二层

如果建筑物建得比较高,就能够建造二层的房间。贴着墙壁斜着放置石台阶,再建造出二层的地板就大功告成了。建筑物内会很暗,要在屋内各处放置火把,这样就更有秘密基地的感觉啦。

在建筑上覆盖藤蔓

在建筑物外墙上放置藤蔓。经过一段时间,藤蔓就会繁殖,因此只要放置少量藤蔓方块就能够覆盖整个建筑物。

从今天起,就是我的家这里

为了找到你,可真是费了好大工夫啊!

霸气！漂浮在海上的船屋

就在这里建造吧！

需要使用的方块有这些

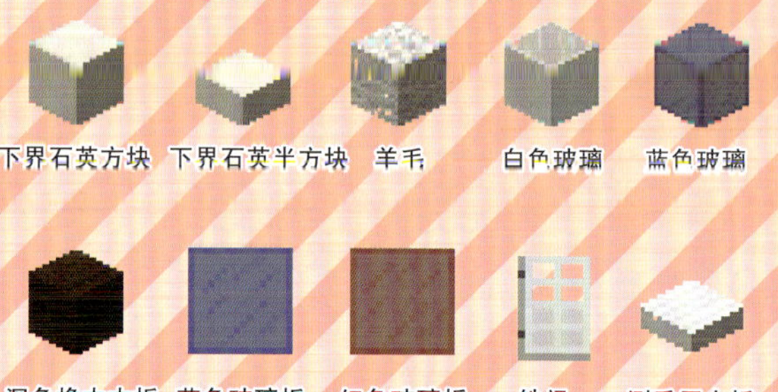

下界石英方块	下界石英半方块	羊毛	白色玻璃	蓝色玻璃
深色橡木木板	蓝色玻璃板	红色玻璃板	铁门	测重压力板

在海上或湖中建造一座船屋吧。船屋建造的要点在于地基，要在水中埋好方块，做出框架。船屋的形状定好后，只要在上面建造房间就可以了。视野良好、带有落地窗的房间也许会很不错。

在船形地基上建造房间

步骤 1 打造地基

在水中放置石块，建造船屋时会更轻松

仔细观察水中，会发现有的地方深，有的地方浅。在深处放置石块，填平水底。

制作出船形的外框

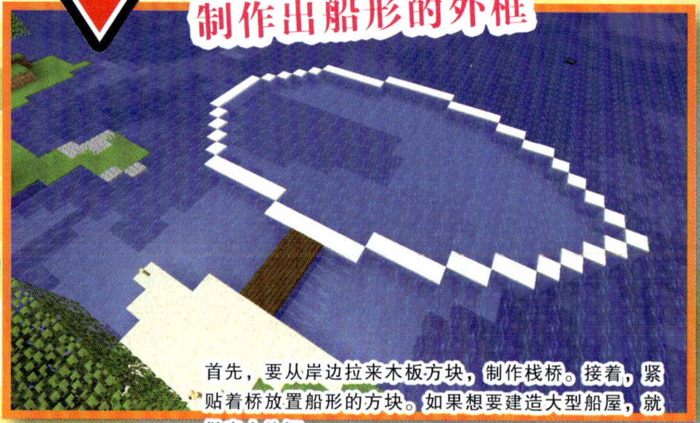

首先，要从岸边拉来木板方块，制作栈桥。接着，紧贴着桥放置船形的方块。如果想要建造大型船屋，就做出大外框。

用方块填平船底

在框内铺满方块。使用石英方块等白色方块会比较像游轮，使用木板或石块看起来会比较像海盗船。

在外框上堆叠方块，建造船身

沿着外框堆叠方块。在船头处组合使用半方块，把船头垫高就更像一艘船了。

飘浮在空中的不可思议的别墅

心情舒畅!

飘浮于空中的大陆。这在现实中当然是不可能实现的。如果可以,好想住在这种地方啊!《我的世界》能够实现这个愿望。在比云层更高的地方建造浮游大陆,建起豪华的房屋吧。在天空别墅里能够眺望地面,心情会很舒畅哦。

需要使用的方块有这些

草块 / 圆石 / 砖块 / 水桶

在擎天高柱上铺设地面,搭建浮游大陆的基础

步骤1 建造地基

制作起来相当简单哦!

在高处搭好骨架

从地面开始堆积方块,搭好高高的地基柱。在顶端搭好十字形骨架,之后破坏掉柱子,因此使用什么方块都可以。

铺设方形地面

在十字形骨架间放置草块,铺置地面。铺置时要考虑到建筑物的大小,铺好方形地面,面积就确定了。

破坏多余地面,形成圆形

破坏方形地面的四角,形成圆形地面。保持方形地面也没关系,只不过从地表抬头仰望时,圆形的看起来更像天空之城。

配上防止跌落的方块

为了防止在浮游大陆上工作时不小心跌落,要在周围围上一圈方块,用栅栏围住也可以。

POINT 把骨架搭得比云层还高

制作骨架时,首先要搭一根非常高的柱子。不停地堆积方块,把柱子搭得比飘浮的白云还高,就能够建出云上城堡了。

42

完全称霸我们的房屋建造

步骤 2 建造房屋

城堡、基地，想怎么建，就怎么建。雄伟的建筑物从远处看还有地标的作用呢。

在浮游大陆上建造房屋

制作飞流直下的瀑布

既然要建天空之城，那就顺便制作从浮游大陆飞流直下的壮观瀑布吧。首先挖一个水池，把水桶丢进去。然后把另一端的方块破坏，瀑布就形成了。

步骤 3 在地面下方也开工

把地基垫厚，看起来会更像大陆。在地面下方沿着边缘放置圆石。

在地面下方沿着边缘放置圆石

让地基变得更加厚实

在沿边缘放置的圆石内侧也放置圆石，之后再在内侧圆石的下方放置圆石。就像图中所示那样一层一层向内侧加厚。

圆石全部填完就建好大陆了

圆石的厚度垫得差不多了之后，再填满地基就好。填地基时要常从下方确认，保证地基从下面看也很帅气。

破坏支柱，让大陆飘浮起来

最后，把支撑大陆的柱子破坏掉。这样，大陆就完全飘浮起来了。

我也好想住在这里！

飘浮在空中了

43

热烘烘！超级暖和的雪屋

用制作圆形地基的方法可以建出蛋形建筑

需要使用的方块有这些：雪块、羊毛、紫红色羊毛、黑色羊毛、玻璃、橡木门

把雪块堆成蛋形，制作人人都爱的雪屋吧。只要记住搭建圆形地基的方法，就可以应用于各种建筑当中。如果有兴致，还可以在屋顶上加耳朵、眼睛，做成北极熊或是兔子的造型。

步骤 1　搭建地基

把方块排列成圆形

放置4个方块之后，按照2个、2个、1个的方式错位摆放方块。接着转变方向，2个、2个地放置。重复这一步骤，围出圆形之后把方块垫到三层高。

在地面铺设雪块

在地面上铺设雪块，一丝空隙都不留。

步骤 2　建造蛋形雪屋

在内侧放置承接第二层方块的方块

POINT：按照三、二、一、一、一的方式放置方块，就能够建成蛋形

在最下方放置3个方块之后，在它内侧放置2个，接下来，继续在内侧放置1个、1个、1个方块。向内侧放置方块的要点就在于铺设从外部看不见的方块。

在最初铺好的墙面内侧放置紫红色羊毛，之后在这一圈方块上面搭建第二层方块。从外部是看不见的，所以选择你喜欢的颜色即可。

绚丽的玻璃教堂

需要使用的方块有这些

黑曜石　红色玻璃板　蓝色玻璃板　黄色玻璃板

黄绿色玻璃板　白色玻璃板　萤石　深色橡木门　火把

一说到教堂，就会想到彩色玻璃。从建筑物内部向外看去，阳光通过玻璃透入房内，非常有教堂的氛围。用红、蓝两色的玻璃拼出漂亮的纹样，用深色方块建造教堂墙壁会让彩色玻璃看起来更漂亮。

破坏墙壁，拼装彩色玻璃

步骤 1　建造可安装彩色玻璃的墙壁

寻找太阳升起的方向

让彩色玻璃面对太阳的方向，这样从教堂内部看会更漂亮。我们要等黑夜过去、太阳升起，面向东方建造教堂。

原来朝向这么重要啊！

建造入口处的地基和墙面

首先要建造3×11个方块的地基。在地基两端各留1个方块的空隙，横着摆放9个方块。接下来只要把墙面建到你喜欢的高度就可以了。待会儿还要在这面墙后建一面更大的墙。

破坏墙面，安装玻璃

配合彩色玻璃的形状破坏墙面。在开出的洞中沿着边缘按顺序安装，就不会失败。

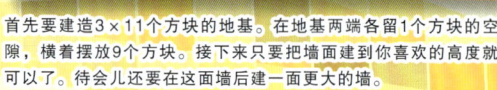

POINT　把彩色玻璃的形状和颜色玩出花样来

可以选择你喜欢的颜色，按照你喜欢的方法摆放彩色玻璃。想要把玻璃摆得好看，就要沿着中间的一列方块，左右对称地摆放。

彩色玻璃安装好了

红、蓝、黄、绿等颜色的玻璃的组合很有教堂风格。如果想要做出复杂的图案，就把墙面做大，安装更多玻璃。

令人怀念！带有庭院的日式房屋

尝试建造一栋日式房屋吧。想要建造日式房屋，必须挑选好材料。巧妙使用石头、沙子、木板方块就能够让房屋具有日式风格。窗外的走廊、池塘、树篱，都会让你回忆起曾经见过的日式建筑。

建造一个这样的日式房屋——走廊、水池、大门。

需要使用的方块有这些

平滑沙石	洋槐木板	洋槐台阶	磨制安山岩	洋槐门
深色橡木半方块	深色橡木台阶	深色橡木栅栏	圆石	
圆石墙	松叶	水桶	黄色地毯	

步骤 1 建造你的家

建造正面的墙

墙的下半部分使用磨制安山岩，上半部分使用平滑沙石，门和窗都使用洋槐门，这样就非常有日式风格了。

向内侧延伸，建出房屋的形状

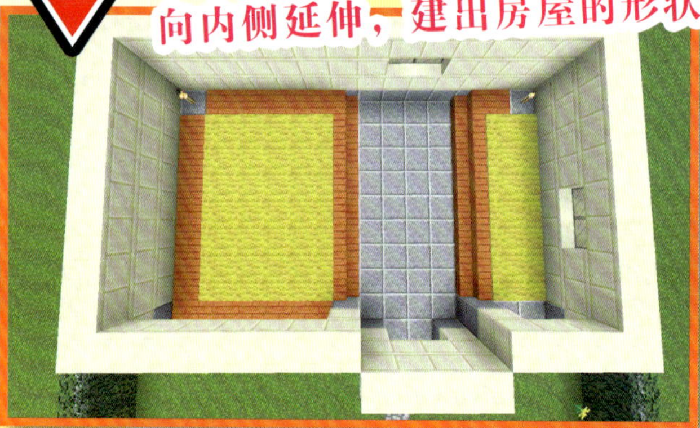

建好正面的墙壁之后，在两侧也建起墙壁，向内侧延伸出房屋的形状。在屋内铺上黄色的地毯，这样看起来就很像榻榻米了。

使用台阶方块来建造屋顶

斜着排列台阶方块来建屋顶，从侧面看就是这种感觉。上面的楼梯下方要放置一块从外面看不到的方块。

搭好展开的屋檐，屋顶就完成了

搭好三层台阶方块之后，沿着墙壁放置一层台阶方块，就像是延伸出来的屋檐一样。这样，屋顶就完成了。

完全称霸我们的房屋建造

步骤2 装饰房屋

倒着放置台阶方块来建造走廊

窗下的走廊是用倒置的台阶方块搭建的。搭建走廊的诀窍，就在于让台阶方块的上方紧贴走廊所倚靠的墙壁。

用栅栏制作玄关处的细柱

支撑屋顶的柱子可以用栅栏制作。纵向排列栅栏，就可以搭出细柱。只要是栅栏即可，种类不限。

用门柱和石墙把房子围起来

包围房屋的门柱和石墙要使用圆石墙来建造。把两块圆石墙叠起来就能建成门柱。围住房屋之后，在内侧放置松叶来建造树篱。

步骤3 建造庭院

在玄关处搭一个小屋顶

将台阶方块和半方块组合起来搭一个屋顶。把屋顶搭在利用栅栏搭出的细柱上就更像玄关的屋顶了。

在庭院挖水池

在院中随意挖出1个方块深的坑。把水桶丢进去，水会瞬间注满，形成水池。

POINT 把石墙建高一些，就像用混凝土砌块墙一样

双层的石墙看起来像混凝土砌块墙一样，有凸有凹，还有破损开口的地方。当然，把石墙建得更高一些，完全挡住庭院和房屋也是不错的做法。

放置庭石和花草，布置一下院子

日式庭院当中摆有庭石，种有花草。在院中摆放些庭石，布置一下吧。

POINT 日式房屋的屋顶都很低

日式房屋和小木屋之类的西洋房屋不同的一点就是屋顶的高度。屋顶太高就变成西式建筑了，所以要尽可能地把屋顶建低一些。时不时放置些石块也是建造要点。

感觉多么令人怀念的

49

现代家具与智能生活

要点3 大型超薄电视

要点2 松松软软的沙发

要点1 带花纹的时尚地毯

我也好想住在这里啊!

有着超大电视、时尚地毯的起居室。地板使用白桦木板而不是橡木木板,看起来会更加明亮、时尚。

要点1 用工作台顶端的花纹当作地毯的纹案

需要使用的方块有这些

工作台　南瓜灯　白桦木木板

内部是这种感觉

地毯本身是没有花纹的,不过,把工作台和南瓜灯埋入地板,看起来就像带有花纹了。

要点2 利用台阶方块制作沙发

需要使用的方块有这些

石英台阶

只用一种方块就可以哦!

首先放置台阶方块

仅用台阶方块就能制作出沙发!首先,放置1块。

垂直放置

第二块要垂直于第一块。这样一来,两块台阶方块就连起来了,形状也发生了变化。在右侧继续放置1块垂直的台阶方块,沙发就做好了!

要点3 让电视发光吧

需要使用的方块有这些

萤石　画　书架

摆放萤石

在电视机内侧一块块地摆放能够发光的萤石吧!

光能够透过来

即使贴上一幅画,背面的萤石光芒也能够透过来,看起来就像电视机了。

带有地炉的日式田园房间

地炉位于榻榻米的正中央,它的下面放置着不断燃烧的方块!看起来就像是忍者住的地方呢!

要点 1
非常真实的榻榻米

要点 2
真的在燃烧的地炉

要点 3
糊上纸的拉窗

就像奶奶家一样!

要点 1
使用干草块制作榻榻米

需要使用的方块有这些

干草块

放置方向不同,效果也会不一样的!

摆放榻榻米

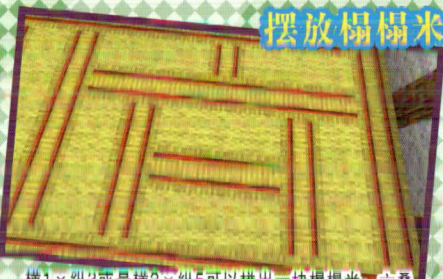

横1×纵3或是横2×纵5可以拼出一块榻榻米。六叠榻榻米大概是这种感觉!将干草块横着摆放,就能够形成红色的线了。

要点 2
试试把漏斗变成茶锅,再点上一把火

需要使用的方块有这些

漏斗　地狱岩　打火石

点燃地狱岩

在漏斗的下方挖出1个方块的空间,放置地狱岩。

地炉开始燃烧了

打火石可以让地狱岩燃烧。注意,要把地狱岩放在远离木板的地方,以免火势蔓延。

要点 3
把洋槐门改造成纸窗

需要使用的方块有这些

洋槐门　旗帜

把洋槐门当作窗子

安装好洋槐门,在上面挂上旗帜。

窗户纸就这样糊好了

从洋槐门背面的缝隙中可以看到白色的旗帜,就像是糊上了窗户纸一样。

让房屋更加完美的室内装修大改造

全员集合！《我的世界》学园

我们每天上课的教室，在《我的世界》中是这个样子的！虽然摆放很多桌椅相当花时间，但是完成时的成就感也是相当大的！

要点1 用玻璃和地毯制作鱼缸

需要使用的方块有这些
玻璃　地毯

虽然里面没有水生生物，但看上去相当不错

用玻璃和地毯搭个鱼缸吧。这景象我曾经见过！虽然里面无法放入生物，不过那种感觉还是充分展现出来了。

在《我的世界》里还要学习吗？！

要点1 教室中的鱼缸

要点2 用台阶方块就能搭好的架子

要点3 精致的书桌

要点2 把墙壁换成矿石，让架子变得更加真实

需要使用的方块有这些

橡木台阶　红石矿石　钻石矿石

在架子上摆放好东西

只用橡木台阶就可以搭好架子。但光有架子还是很空旷，把架子背后的墙壁换成矿石，看起来就像是架子上面摆了东西一样。

在教室里摆放桌椅

需要使用的方块有这些

橡木栅栏　地毯

把两个栅栏连在一起

只要放上地毯即可

在连接好的栅栏上摆好地毯，你看！一秒变书桌！这样就能好好学习了吧。

别忘了写作业哦！

并排放置2个橡木栅栏，它们就会自动连接起来。

前往有壁炉的山间小屋

在木头和砖头建起的房间中央，壁炉里的火焰正在熊熊燃烧！重点在于壁炉的颜色要和周围区分开，这样比较显眼。如此一来，过冬的准备就完成了！

要点 1
使用半方块制作长桌

需要使用的方块有这些

半砖块　砖块台阶　砖块

风格统一会更好看

配合砖墙，选择同色砖块台阶或半砖块组成长桌。桌上还能装饰花朵、放置物品。

要点1 装点着花朵的长桌

要点3 火焰熊熊燃烧的温暖壁炉

这样一来，冬天也不会觉得冷了！

要点2 线条分明的帅气长椅

要点 2
巧妙利用告示牌，改造沙发

需要使用的方块有这些

橡木台阶　告示牌

把告示牌装饰在侧面

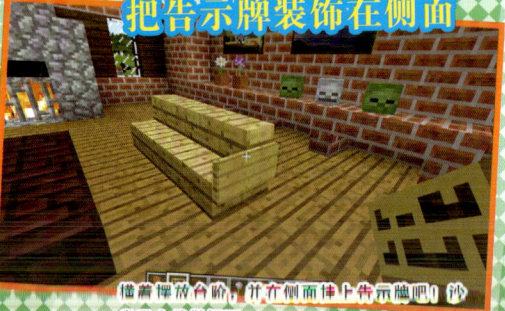

摆放好台阶，并在侧面挂上告示牌吧！沙发马上就做好了。

要点 3
使用了地狱岩的暖和壁炉

需要使用的方块有这些

圆石　地狱岩　铁栅栏

把地狱岩放在里面

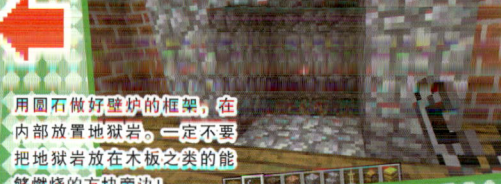

用圆石做好壁炉的框架，在内部放置地狱岩。一定不要把地狱岩放在木板之类的能够燃烧的方块旁边！

点上火之后超暖和

一定要注意火源！

用打火石点燃地狱岩之后，在外面装上铁栅栏。这样，壁炉就做好了！

在国王的房间摆出架势来

让房屋更加完美的室内装修大改造

国王居住的城堡中，桌子、椅子都很大。大量使用方块，制作大型家具，享受一下当国王的感觉吧！

要点 1 使用栅栏制作吊灯

需要使用的方块有这些

 橡木栅栏　 火把

制作骨架

把栅栏安在天花板上就会变成细棍子，向下拉出一串就能够制作骨架了。

装上火把

栅栏上还能放置火把。放置许多火把之后，吊灯看起来会很华丽。

要点 2 利用萤石照明

需要使用的方块有这些

 萤石

还可以用海晶灯替代！

在看不见的地方摆满萤石
只有吊灯会很暗，所以在王座背后等看不到的地方铺满萤石吧！

要点 3 用门和半方块制作椅子

铺好了常见的地毯！

需要使用的方块有这些

 洋槐木半方块　 洋槐门

放置半方块

在桌子边上需要放置椅子的地方放置半方块。

安装洋槐门也需要技巧
在半方块边上放置洋槐门，如果不小心垂直放置了，只要把门开关一下就能够贴紧了。

要点 1 **巨大吊灯**

要点 2 **大号椅子**

要点 3 **在看不见的地方制作间接照明**

真有一种当上国王的感觉！

前往便利店购物

货架等比较细微的部分相对不易制作，但是在制作时多多考虑颜色搭配就能做出便利店的感觉了。利用蓝、绿色的羊毛搭配出便利店的配色是重点！

要点1 便利店的收银台

要点2 村民们在打工

要点3 摆满货物的货架

这里还卖僵尸的头吗？！

要点1 利用台阶方块制作收银台

需要使用的方块有这些

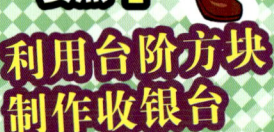

石英方块　石英台阶　玻璃　地毯

充分利用台阶方块

使用台阶方块可以制作柜台和收音机。肉包机用玻璃搭配地毯制作。

要点2 不要让村民离开岗位

需要使用的方块有这些

栅栏　村民蛋

放置栅栏

即使把村民放在柜台后面，他们也会越过柜台逃离岗位。所以要放置栅栏，让他们无法移动。

召唤村民

使用村民蛋把村民召唤到栅栏内！这样，他们就可以充当店员了。

要点3 把书架和酿造台当作商品

需要使用的方块有这些

书架　酿造台　药水

放置书架和酿造台

颜色鲜艳的书架和放有药瓶的酿造台让人眼花缭乱。

放置装满水的瓶子

在酿造台上放置装满水的瓶子或药水，看起来就更加真实了。

让房屋更加完美的室内装修大改造

去家庭餐厅吃饭

在《我的世界》里建一家人人都超爱的家庭餐厅吧！餐厅里不仅有餐桌，还有吧台，所以不小心就会和朋友聊到很晚哟！

要点 1
先用画和旗帜营造氛围

需要使用的方块有这些

画　　旗帜

统一高度

利用画和旗帜营造家庭餐厅的氛围。挂上骷髅会让人没有食欲，所以要选择风格明快的画。

要点 2
熟练运用告示牌来改造沙发

需要使用的方块有这些

白色玻璃　　棕色玻璃

隔板上下颜色不同

隔板需要使用染色玻璃。下层的玻璃使用棕色的，会让人更加放松。

用白色玻璃制造透明的感觉

隔板上半部分，推荐使用白色玻璃。这样就非常有家庭餐厅的感觉了。

要点 3
利用书架制作饮料

需要使用的方块有这些

书架 　　酿造台

放置书架

书架看起来很像饮料机，非常棒。摆放的时候注意不要留空隙哦。

再来杯咖啡

在书架之间放置酿造台，咖啡机和红茶机就做好了！

来大吃特吃吧！

要点 1　用画和旗帜装饰店内
要点 3　制作饮料
要点 2　稍微下点功夫建造隔板

欢迎来到成人的酒馆

搭建好柜台,营造出成熟的氛围!用活塞制作椅子,搭好酒架,摆好杯子,就大功告成了!

要点 1 用半方块来制作架子

需要使用的方块有这些

砖块　松木半方块　玻璃板

还能放半方块杯子

用砖块做柱子,用半方块做架子。在上面还能放杯子或用玻璃板制作柜门。

我完全不了解的地方……

要点 1 半方块做的酒架

要点 2 桌上放置的杯子

要点 3 独脚椅

要点 2 在桌上摆好杯子

需要使用的方块有这些

地狱砖台阶　花盆

这实际上是花盆

桌子用倒置的台阶方块制作就对。在上面放置花盆,看起来很像杯子。

要点 3 把活塞改造成独脚椅

需要使用的方块有这些

红石火把　活塞　红色地毯

活塞弹出来了

在红石火把上面放置活塞,活塞就弹出来,变成椅子。在上面铺上红色的地毯,气氛一下就出来了。

放置好火把

在桌面下面放置红石火把。这将成为动力来源,用以驱动活塞。

下班之后喝一杯,感觉不能再棒了。

阁楼里的儿童房

让房屋更加完美的室内装修大改造

一直很想要的阁楼房间！好想在这里摆上工作台或附魔台，认认真真工作一番啊！再加上双层床和顶灯吧！

要点1 利用顶灯让阁楼明亮起来

要点3 在双层床上美美地睡上一觉

要点2 给楼梯装上扶手

这是我一直都很想要的双层床！

要点1 用活板门制作顶灯

需要使用的方块有这些

橡木栅栏　萤石　铁活板门

带灯罩的顶灯

将栅栏吊在天花板上，在上面安装萤石，之后罩上铁活板门就大功告成了。

要点2 给单调的楼梯加点花样

需要使用的方块有这些

石砖台阶　栎木栅栏

改变楼梯的颜色

楼梯和地板颜色相同的话，就会很不明显，所以要选择石砖台阶等不同材质的方块。

↓

装上扶手更加时尚

装上防止跌落的扶手之后就更好了，看上去也很好看。

要点3 用栅栏制作双层床

需要使用的方块有这些

橡木木板　梯子　栅栏　屏

制作床架

像这样制作橡木木板的床架，再用梯子连接起两张床。

↓

用栅栏围起来就完工了

最后用栅栏把床围起来！制作过程比预想的还要简单，强烈推荐。在这上面还能好好睡一觉呢。

看起来真好吃！装满甜点的房间

巧克力、饼干、蛋糕，如果你爱吃甜食，一定想要住在这种地方！来建一个这样的甜点屋吧！

制作饼干墙 —— 要点 2

大吃一顿吧！

在桌上放置蛋糕 —— 要点 3

地板的图案看起来好好吃啊 —— 要点 1

要点 1

需要在方块的排列上下点功夫

需要使用的方块有这些

白桦木板　　松木木板

看起来就像巧克力饼干一样

仅仅将浅色的白桦木板和深色的松木木板组合成地板，看起来就会很好吃。

是谁吃了我的蛋糕！

要点 2

用活板门做饼干

需要使用的方块有这些

松木木板　　活板门

灵活运用活板门

建一面松木木板墙当作巧克力。在上面安装活板门吧。

只要关上门就完成了

关上活板门后，属很门贴上去就像巧克力饼干一样！把墙面换成彩色的饼干也可以。

要点 3

放置蛋糕的桌子

需要使用的方块有这些

红石火把　活塞　蛋糕

放置大量活塞

用红石火把和活塞制作桌子吧。

放上蛋糕

活塞上面可以放置东西。放上蛋糕之后，甜点屋就建好了！

让房屋更加完美的室内装修大改造

秘密基地般的房间

在洞穴中开凿出来的秘密基地。正因为这里很昏暗,所以在照明方式的选择上更要精挑细选!放上电脑、挂上地图之后气氛更佳!

要点1 把萤石铺在地毯下面

需要使用的方块有这些

萤石　　地毯

被盖住之后也很亮

萤石的光芒很耀眼,但是并不美观,所以在上面铺上地毯吧。地毯并不会掩盖光芒,能够保证房间内的亮度。

要点3 在墙上挂上地图

要点1 让基地内明亮起来

在这里就不会被老妈骂啦!

要点2 用方块来制作电脑

要点2 制作专属于我的电脑

需要使用的方块有这些

石砖半方块　画　石质压力板

电脑

需要放置宽2个方块的桌子。在石砖半方块边上放置画,在画前摆放压力板。

我心心念念的秘密基地啊啊啊啊!

要点3 墙上还能挂地图

需要使用的方块有这些

物品展示框　地图

地图安装完毕

挂上地图后,就像海报一样。有没有一种寻宝的感觉呢!

把物品展示框挂上墙

在墙上挂上物品展示框。可以在物品展示框中摆放物品。把地图放进去吧。

建造世界名胜

在《我的世界》中建造世界各地的帅气的铜像、壮观的建筑、不可思议的高塔吧。由简入难,边看书边来挑战吧!你能够建造出几种呢?

挑战东京塔

高达三百三十三米

说到东京,就想到东京塔!它高达三百三十三米,曾是日本第一高的建筑物。仅靠这一页,你就可以学会建造巨塔的方法!

在哪里建造呢?

❶ 建在哪里由你决定

村子里、山上、海上……你想在哪里建就在哪里建。来建造只属于你的东京塔吧!

需要使用的方块有这些

红石方块	石英方块	竖纹石英	石英台阶
324个	34个	32个	24个

所需时长 1小时

难　　度 ★★

采用红、白方块相间组合的方式建造东京塔。开始时也许会很费工夫,但是熟练后操作就非常简单了,一起来慢慢熟悉吧!

赶快开始

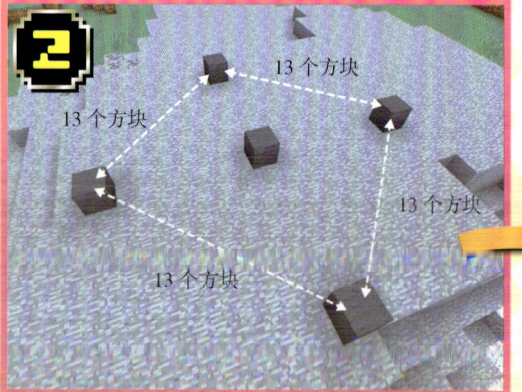

❷ 要点在于做好标记

13个方块 / 13个方块 / 13个方块 / 13个方块

建造建筑物,要先决定大小,然后做好标记。有标记了,更容易建出好看的形状。

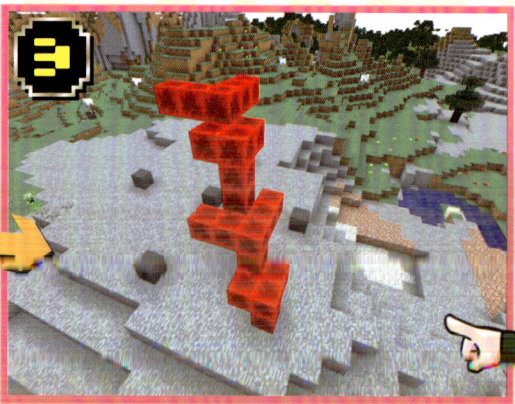

❸ 不断堆积塔足

沿着标记不断堆积方块,慢慢把方块堆向中间。

最开始的时候,花点时间慢慢来!着急是没办法建好东京塔的!

你建造的街道变成了平民商业区？！
挑战浅草雷门

保留着江户风情的浅草，吸引了很多外国游客来这里参观，其中浅草寺的雷门是非常有名的！它是一个非常漂亮的大门哦！

开始时需要做的事情是……

1 要在哪里建造呢？

思考建造地点也是《我的世界》的乐趣之一。在你的城市里建造雷门，说不定会带来好运哦！

需要使用的方块有这些

石砖	红色羊毛	圆石	圆石台阶
580个	420个	379个	290个

羊毛	圆石半方块	红石方块	黑色羊毛	绿色羊毛
164个	116个	100个	12个	6个

所需时长　2小时

难　度　★★★

提到平民商业区就会想到浅草，提到浅草就会想到雷门。只要有了这些方块，你建造的街道也会变成平民商业区！想要建得漂亮，就需要掌握一些特别的技巧，细节部分也要认认真真！

建造地基

铲平地面

定好地点后，就要铲平地面了。如果地面凹凸不平，是建不好的。

把地基建得大一些

29个方块　21个方块　21个方块　29个方块

铲平地面后，终于要开始挑战雷门的建造了！地基需要建这么大。搭建起柱子吧！

> 木匠先生！就靠您建得漂亮些了！

着手搭建柱子

要这样搭建

在地基上做好数字"8"形的标记。只要在上面堆放方块，就能建起壮观的门柱了。

越建越高

堆起方块，搭建起巨大的门柱。红白相间地搭配方块，看起来真的帅气。

灯笼要这么建造

6 门柱和天花板建好之后

在门柱上堆放方块,天花板就建好了!接下来要在天花板上吊下灯笼。

7 红色方块摇来晃去

从天花板上吊下来一些方块。注意,这里的红色方块要使用和门柱、天花板颜色稍有不同的。

像这样把灯笼搭圆一些

在四周围上一圈方块就可以了!这个小技巧可以在搭建圆形物体的时候运用。记得多多使用哦!

8 开始有些形状了

用红色方块搭出这样的形状,就基本完成了。但是看起来还不太像灯笼呢……

9

来吧,一口气建好雷门

10 搭建屋顶的瓦片

瓦片要搭出层次感。门前和侧面要延伸出来,需要把屋顶建得大一些。屋顶要向下多搭一层,这样看起来震撼力十足!

11

这就是大师的技巧

仔细观察,能看到屋顶下方的榫卯。在《我的世界》中可以利用各种各样的方块,愉快地钻研出各种用法,多多挑战吧!

完成!

哦哦,小错!这可太壮观了!

挑战世界上最不可思议的比萨斜塔

你知道比萨斜塔为什么是斜的吗？实际上是地面有些塌陷造成的。你是会建一座直塔呢，还是会建得更加倾斜呢？

试着在这里建造斜塔吧！

需要使用的方块有这些

白桦木板	铁栅栏	松木木板	白桦台阶
1680个	202个	178个	88个

所需时长 2小时

难　　度 ★★

想要把建筑物建斜，需要一些技巧。一旦掌握这个技巧，建造歪七扭八的建筑物也不在话下！尝试一下也没什么不好的！

1 发现了一个美丽的地方

在《我的世界》当中不断探险，发现了一个美丽的湖泊。好嘞，就决定在这里建造啦！

2 在水面上建造地基

在建造斜塔的地方放置方块。这样标记一下，就一目了然了。

3 地基建好后，准备工作就完成了

沿着标记填充方块，地基就完成了。那么，接下来就正式开始吧。

在地基上面建造塔身！

4 塔要一层一层地建

堆起柱子和墙面。从上面俯瞰是这个样子的。

5 天花板要稍微错开一点

从现在开始要把塔建斜。将天花板错开一个方块的位置放置，然后开始建造第二层。

> 比萨斜塔是意大利的著名建筑，有六百多年的历史哦！

把塔身建得高高的

为了建得更好看些
做成台阶形或尝试不同的颜色……开动脑筋,想出你自己独特的方法吧!

一层!再一层!不断推进工程
在第二层上面建第三层时,也要错开一格。

再高些
塔是越高越好看的。那么,你打算搭建到第几层呢?

终于要建塔顶了

> 每一层都向不同的方向错开,看起来就会非常有特色!

塔身不断堆高之后
搭到你满意的高度之后,还差一点就能完工了!

塔的最顶层
最上面一层要比其他层小一些,屋顶种用的都要使用台阶方块。

塔顶完成了
安装好栅栏和旗子之后,比萨斜塔就完成了!从塔顶观看到的景色非常美丽!

完成!

和伙伴们一起建造吧！
挑战复活节岛的石像

一提到石像，就会想到智利的复活节岛石像。仔细观察，就会发现石像的表情和大小都各有不同。那么，来建造高矮胖瘦各不相同的石像吧！

开始冒险之旅

1. 还有这样的地方呢
《我的世界》简直大得无边无际！只是发现各种地形就足够让人高兴。

2. 这次就选在这里
找到建造地点之后，我们的冒险就暂时结束了。向复活节岛石像发起挑战吧！

需要使用的方块有这些

圆石　446个

所需时长 30分钟

难　　度 ★

石像建造起来很简单，非常适合初次尝试。这里使用的技巧在建造其他建筑物的时候也能用上，所以一定要好好掌握哦。

石像的制作方法非常简单

3. 建造巨大的石柱
（8个方块 × 5个方块 × 12个方块）
堆起石块，建造一根超大的石柱。大小随你喜好。

4. 在石柱上削切砍磨
不断砍掉石柱上的方块，石像的面容就会慢慢显现。

5. 完成了
这样不断砍削，石像就能马上建好了。你花了多长时间呢？

增加伙伴

6 哎呀？石像它……

"一个人好寂寞呀。——石像"

石像流泪了，一定是因为它太寂寞了。泪水用流水来制作。

7 用同样的方法为它制作一个朋友

一个人还是会孤独的，有了朋友，石像也会很高兴。脸颊用羊毛来制作。

> 朋友多了才开心嘛！

制作只属于你的石像

8 戴耳环的石像

在石像的耳朵上贴个小方块，就会变得非常时髦！

9 金发石像

通过改变堆积方块的方法，可以自由自在地改变发型。

10 戴帽子的石像

建造什么样的石像是你的自由。来试着建造只属于你的原创石像吧！

石像完成了

熟悉建造方法之后，为石像多制作几个朋友吧。朋友越多，石像也会越高兴！

基本完成！！ **不仅如此** **建造许多石像会更加完美！！**

> 多多益善！

挑战全世界最有名的自由女神像

自由女神像位于美国纽约。据说原名叫作"自由照耀世界"。有了这座铜像，《我的世界》也许会变得更加自由！

地基要建得又大又稳

底座的建造和之前讲解的方法一样

总之要善于做标记，慢慢建造。越是复杂的建筑越不能心急！

需要使用的方块有这些

钻石方块	石砖	金方块
4845 个	1989 个	10 个

所需时长　8 小时

难　　度　★★★★★

我们要挑战这个庞然大物了。这是迄今为止花费时间最长的建筑了。你能顺利建造出来吗？！

底座完成

花点时间把底座建高些。真正的自由女神像，仅底座就有四十七米高。

嘿！你能建造出自由女神像吗？

柱子上面再建柱子

哇！好大啊！

铜像的大小由你自由决定。毕竟这是自由女神嘛！

削切铜柱之后

一点点削切铜柱，就会慢慢显现出自由女神的样子。这是头上的桂冠！

削呀切呀砍个不停！

5

出现脸部了
铜柱当中出现脸的样子了！鼻子和眼睛的部分要多切一个方块。

制作身体
重点是要切割成"Z"字形。按照图中所示一点点来哦。抓住要领之后就很简单了！

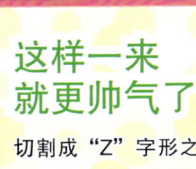

6

7

装上右手
身体建造好之后装上右手。马上就要完成了。

8

这样一来就更帅气了
切割成"Z"字形之后看起来更加立体。按照自己的方式下点功夫吧！

完成！

> 哇哦！
> 超 Big！
> 超 Wonderful！

这样一来就完成了

9

装上左手
左手比右手稍微小一些，你也可以拿着火棒，位置要比右肩稍低一些。

10

把火把点燃
在右手的火把上装上金方块，火把点燃后就大功告成了！终于完成了！

挑战棒球的圣地 甲子园球场

高中棒球、职业棒球……在甲子园球场上总是进行着激烈的战斗。这里其实是日本历史最悠久的棒球场。你制作的城市中的居民,说不定也想参加些体育活动呢!

赶紧开始建造

建造地点没有特别要求

甲子园球场就是一个字:大。无论是铲掉方块还是填充方块,总之要把地面整平。

画出笔直的白线

一边用标尺测量长度,一边画线。白线是用来确定场地大小的。

需要使用的方块有这些

圆石	雨林木板	松木台阶	绿色黏土
2148个	1988个	1278个	1087个

褐色羊毛	砂岩台阶	石英方块	砂岩	砂岩半方块
289个	158个	58个	24个	8个

所需时长 8小时
难　　度 ★★★★★

甲子园球场非常大,要多花点时间建造。场地和观众席都要建大点哦!

> 好想在这里打棒球啊!

建造场地

放置垒块

各个垒之间的距离是相等的,正中间还要放上投手板。

使用土黄色的方块

沿着画好的白线铲掉地面,在铲掉的地方放入土块,建造场地。

场地建好了

在场地周围摆上黑色的方块,栅栏就做好了。场地建造也就此结束。

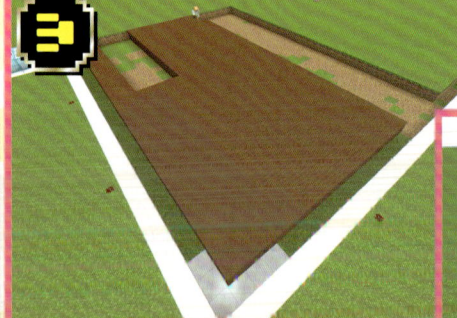
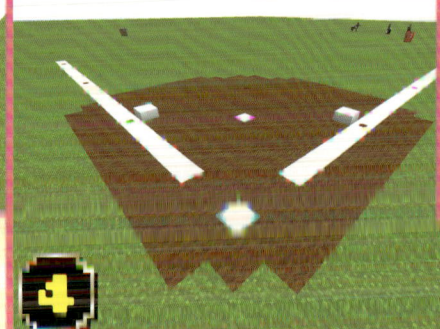

建造观众席

6 42个方块　42个方块　58个方块　58个方块

观众越多越好

接下来，要在栅栏外再建一堵墙。尺寸随你喜欢。

7

制作座席

观众席要用方块搭建出层次，座椅就用褐色的半方块！

8

比分板要又大又气派

在球场最里面用绿色的方块建造出比分板，显示比分的地方记得要换一种颜色搭建。

9

越来越有模有样了

用相同的方法把球场四周做好。累了就好好休息一下哦！

> 毅力！毅力！还是毅力！无论多么痛苦都决不能放弃！

完成！

接下来是重点

10

制作长椅

长椅是选手们休息的地方。长椅和场地之间要试着使用铁栅栏哦。

11

大家一起来打棒球

在球场内放上选手之后就可以开始帅气地比赛了！所有人都蓄势待发！

建造世界名胜

挑战神秘的印度泰姬陵

都想去泰姬陵,但是印度真的有点远啊……好吧,就在《我的世界》当中建造泰姬陵吧!家里人看到了一定会很高兴的!

先来搭建地基

需要使用的方块有这些

砂岩方块	灰色羊毛	砂岩台阶	砂岩半方块
11250个	1320个	300个	12个

所需时长 6小时

难　　度 ★★★

泰姬陵不仅规模庞大,而且细节丰富,在搭建时需要下一番功夫。一开始不用太勉强自己,慢慢来就好!

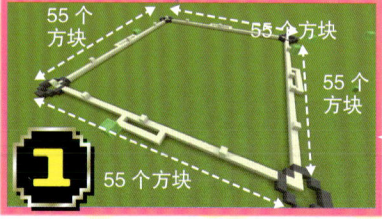

1 55个方块 / 55个方块 / 55个方块 / 55个方块

先做标记

尽量找个宽敞的地方,决定好地方之后,先在地面上建一个方形的标记。

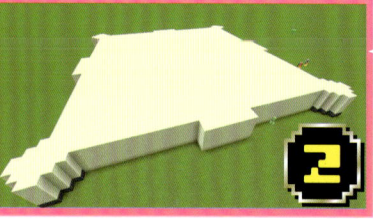

2

建造一个稳固的地基

哪怕是手艺高超的工匠也不会在地基不稳的地方建造房子。沿着标记铺好地基吧。

好的,开始

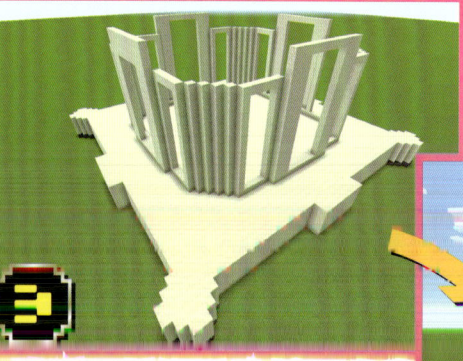

3

墙壁要按照这个样子建造

形状确实有点奇怪。参考图示来建造吧!重点是,前面和侧面要建得大一些!

这座塔是什么塔?

这是光塔,被称作"王妃的仆人"。

赶紧进入第二层的建造

在墙面的空当中填入方块,只需要建造窗户,打好隔断,建多少层都可以。

4

泰姬陵是皇帝为自己的妃子建造的陵墓!

建造屋顶吧！

5 一刻不停，加油干

屋顶上也有很多需要下功夫的地方。建造一根这样的柱子。

6 把中间掏空

把柱子掏空，再放上黑色的方块，就建好一个小房间了。这样的房间总共要建四个！

7 说到泰姬陵，就不能缺少圆形拱顶

在屋顶上建造一个洋葱似的蛋形物体。画好十字形的标记，在标记周围围上方块就能做出圆形了。

8 圆圆地堆积起方块

堆积方块时做出段差，就能够搭出洋葱的形状了。

9 完成之后就是这样

错位摆放方块之后，就形成蛋形拱顶了。有凸有凹，看起来很立体！

> 皇帝本来打算在泰姬陵正面用黑色的石头建造自己的陵墓。你替他建造出来吧！

雕琢细节也会很有趣

10 虽然从外面看不出来

在不起眼的地方用半方块和台阶方块雕琢细节，这是成为大师的第一步。多多下功夫吧！

11 把水池也造出来

泰姬陵里还有非常漂亮的水池。这里也要认认真真建造！

完成！

挑战世界七大奇迹之一的金字塔和狮身人面像

充满谜团的金字塔、卧在金字塔旁的狮身人面像……其中埋藏着宝物。来吧，冒险的准备已经做好了吗？来挑战沙漠中的七大奇迹之一吧！

一提到金字塔，就一定会想到沙漠

需要使用的方块有这些

砂岩台阶	砂岩方块	砂岩半方块
1624个	1204个	23个

所需时长 1小时

难　　度 ★★

只要掌握了之前教过的技巧，建造金字塔和狮身人面像不过是小菜一碟。用你自己的力量解开金字塔的谜团吧！

1 寻找一个合适的地点
跑遍全世界，寻找一片广袤的沙漠吧。不要迷路了哦！

2 挖沙，填沙
要认真把地面整平。记得要尽可能清出一大片空地来。

金字塔小知识1

金字塔是五千年以前，数万人花了无数的时间才建成的！你一个人能做到吗？！

好的，开始吧！

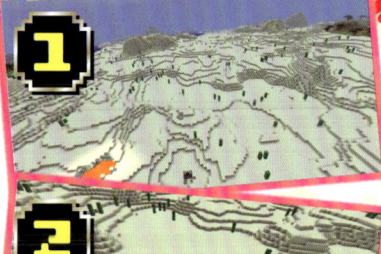

3 咦？这个标记是什么？
画出十字形的标记，在外面围上方块。看起来就像汉字"田"一样！

29个方块

4

5 从中间向外看
进入建到一半的金字塔里来看，是这个样子的。

不断向上堆积方块
四面的墙壁都要建出一个坡，要一层一层地堆积方块。

6 把方块堆到顶端就完成了！
建造金字塔非常简单，但是完成金字塔还不算结束哦！

设计图 1

有陷阱的巨大迷宫

需要使用的方块有这些

石方块　洋槐木板　蓝色羊毛　红石　红石火把

黏性活塞　木质压力板　岩浆桶　僵尸蛋

巨大迷宫完成后，就来比拼抵达终点所花费的时间吧！在迷宫中安置各种陷阱，肯定会让比赛更有意思的！

最开始制作的是

巨大迷宫

大小就定在 20×20 个方块左右

用木头来搭建巨大迷宫！迷宫的大小由外墙决定。迷宫越大越有意思！但太大又会很费力气，所以大小就定在 20×20 个方块左右吧。

可不能让你们跳着越过迷宫

如果地面上只有泥土和草地，迷宫看上去会太寒酸，没什么人气。在地上铺满石方块会更美观！围墙高度设为2个方块以上就没办法跳出去啦。

安装电路，不要让别人发现

在低于地面的地方，将压力板、船性活塞用红石连接起来，之后再放置1个红石火把，电路就安装好了。

迷宫的墙壁选用蓝色会很显眼

不断地堆放羊毛

墙壁如果选择和木块不同的颜色，从远处也能认出这是一座迷宫。洋槐木板和蓝色羊毛的组合看起来非常清晰，推荐这种搭配。

利用红石制作

陷阱

一旦踩到压力板，陷阱就会打开

啪
咔嚓

用墙壁掩盖住电路。踏上压力板，陷阱应该会打开！检查完操作性能之后，把石质压力板改成不显眼的颜色，就会更难被发现哦。

僵尸地狱也不错

呜呜呜呜……
哦哦哦哦……

在陷阱内准备许多僵尸，就能让人尖声惊叫、血值大减了！为掉入陷阱的人准备一个僵尸地狱吧！

来吧！一起来玩吧！

我就掉进去了……

设计图 2
有自动门的便利店

需要使用的方块有这些

磨制安山岩　铁块　萤石　玻璃　石砖半方块　羊毛
绿色羊毛　紫红色羊毛　红石　红石火把　黏性活塞　木质压力板

来建个便利店吧！建筑主体用彩色的方块来完成，自动门就用红石来解决吧！

最开始制作的是 便利店

决定便利店的大小之后，就铺满石块吧！店内不要生有杂草或是留有泥土。

用石头填满用地

多多使用玻璃

仔细观察一下你家附近的便利店。墙面的色彩都很鲜明，入口附近还有巨大的玻璃窗，能看清店内的情况。因为之后还要安装自动门，所以要记得留下入口的空间哦！

灵活运用各种颜色，更有便利店的感觉

使用多种彩色羊毛，能让店面看起来更像便利店。当然，你也可以参考家附近的便利店，装修成别的颜色。

停车场也很重要

有的便利店还会有停车场。在《我的世界》当中虽然没有车，但还是想建个停车场！在停车场内铺上白色羊毛，相似度会更高！

这家便利店好像在哪里见过！

接下来安装机关

便利店的雏形建好了，接下来就用红石来制作自动门！

墙面高度差不多就行

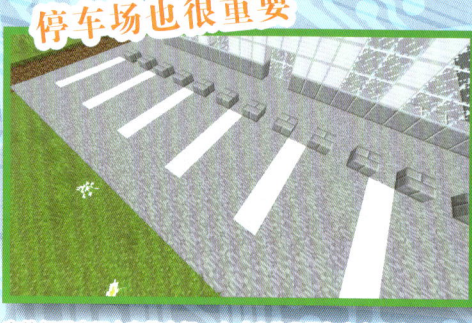

便利店的面积不要过大，也不要过小，高度不要过高，也不要过低，这一点非常重要。足4个方块高，在屋顶铺上白色的天花板！

制作带有机关的设施

利用红石制作 自动门

想要用红石完美打造自动门，就要在入口处按照图中所示那样，挖出2个方块深的空间！

在门下挖出一个空间

在地下画好电路

安装黏性活塞

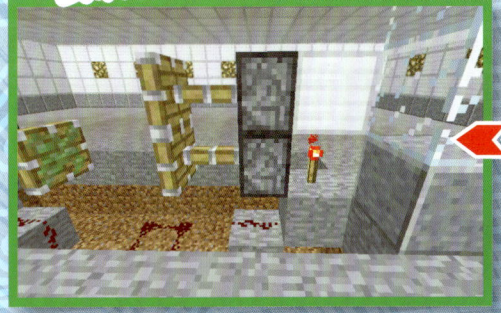

在火把旁边倒着排列黏性活塞。当信号通过红石的时候，活塞就会不断运动。

左右两侧要放上红石火把，如图所示，在地下排列好红石，这样就可以驱动接下来要安装的压力板和黏性活塞了。

用石头掩盖住墙面和地面

完成之后精装住机关，完善外观！在周围的地面和墙壁上填入相同的石块吧。这样便利店就完成啦！

放好压力板就完成了

咔嚓！

地下的红石件把来之后，只要贴上前后左右任意一块上方板，就可以触发机关了。

赶紧进店看一看吧！

真的是便利店

红石老师的建议

不要忘记红石火把上面的方块

在红石火把旁边放好活塞后，要记得在火把上方放置一个方块。不放这个方块，活塞是不会活动的。

← 这里

设计图 3
到了夜间就会开启的照明设施

需要使用的方块有这些

红石　红石中继器　红石灯　红石火把　活板门　阳光传感器　玻璃

说到公园，大家就会想到长椅和喷泉。这些当然很不错，不过掌握高级的小技巧，可以用红石制作出日出熄灭、日落点亮的真正的街灯！

最开始制作的是
公园

公园是由土地和草地组成的，这样一来，大小就不受限制，可建大些。但是，如果面积太大，修建起来就会很麻烦，所以还是要定好公园的大小，用方块把公园围起来吧！

用方块围起来

把小路部分挖得深深的

剩下就是铺装电路了！

铺上砖路，安上街灯，把公园装点得漂漂亮亮的！为了让街灯能在夜间亮起，需要在路面下铺上红石，所以要把小路挖深些！

有栅栏围住的池塘更加真实

大型公园里面还会有池塘。在地面上挖出大小适中的坑，然后用水桶向里面倒入水，再用栅栏围住，就更有池塘的感觉了！

把水泼到方块上面

让我来教你怎么制作喷泉吧！首先要制作一个不会漏水的框架，之后在框架中间堆积起方块，用水桶从上方泼水就完成了！

在小路旁摆上长凳

每个公园都会在小路旁摆上长凳，没有的话，会觉得缺了点什么。在小路旁放2个相连的木质台阶，这样摆放两组，长凳就完成啦！

再来点锦上添花的东西

如果想要再增添一些公园的氛围，就搭建一个砖质花坛，在里面种上花吧。还可以在路旁放置树叶方块，这样就更有公园的样子了！

设计图 4
会射出弓箭的陷阱

需要使用的方块有这些

红石　绊线钩　丝线　发射器　箭　栅土

在《我的世界》寻找宝藏！但是，仅仅把宝藏藏起来太无聊了。制作假宝藏，设置攻击入侵者的机关，这样一来，你的朋友也会大吃一惊的！

最开始制作的是 废墟

城堡和要塞建在哪里都可以，不过比起平地，建在更有立体感的地方会有起伏，感觉会很棒。所以就选择有高低落差的地方建造废墟吧！

决定建造场所

建造废墟

赶快把废墟建起来吧！城堡和要塞都是以石砖为基础的，同时为了制造出废墟的残破感，还需要使用裂石砖和青苔石砖哦！

废墟内部的装饰也不要忘了

用铁栅栏代替窗户，这样就可以看到外面了！再开一些宽1个方块、长3个方块的洞，在两侧摆上火把就更有感觉了！

更像废墟

气氛越来越浓了！

在石砖的周围放置橡叶、松叶、白桦叶方块，石砖上还可以放上藤蔓。

好好装饰一下房间内部

废墟内没有陷阱怎么行呢？为了诱导别人跌入陷阱，要在外面安上木门，告诉大家这可是一个重要的房间哦！

建筑部分就完成了

废墟的建筑完成了

建造效果可以说是相当好了！接下来，就要利用红石电路制作各种机关啦！

制作带有机关的设施

利用红石制作 陷阱

来制作一个只要经过就会放箭的机关吧！在离地面两格的位置放置发射器，在发射器中装满弓箭吧！

做好随时放箭的准备

发射器
物品栏

红石老师的建议

试着用一下陷阱箱

除了箱子之外，还可以使用陷阱箱。陷阱箱可以向红石电路传递信号。发射器和投掷器长得像很像，注意不要把它们搞错了哦。

完成陷阱

在安装机关的通道两边放置绊线钩，两个绊线钩之间用线连接起来。确认一下，红石电路的尽头有没有安好绊线钩呢？

连接起红石电路

从装满弓箭的发射器中连出红石电路，一直延伸到"只要经过就会放箭的"那条通道！

试射一下

在最终完成之前，需要确认陷阱能否正常运转。尝试穿过两个绊线钩，确认一下发射器会不会放箭吧。

盖上藤蔓，掩藏发射器

用石砖挡住红石电路这一点就不用再重复了，在发射弓箭的发射器上也盖上藤蔓！再把箱子放在通道深处，以此来吸引访客上钩吧！

这里是最重要的！

掩盖住电路就完成了

搞定啦！

设计图 6

发射TNT大炮

需要使用的方块有这些

红石　　红石中继器　　按钮　　TNT

在《我的世界》当中，大海是非常辽阔的。面对如此辽阔的大海，我们怎么能不加以利用呢？就在海上建船和海盗船吧！外观上的相似是非常重要的，同时炮台也是不可或缺的。使用红石能够轻松地完成这些！

最开始制作的是 **海盗船**

在《我的世界》中，物品是无法浮在海面上的。那么，船是怎么制作的呢？当然是在海底铺上方块，让船看上去好像是浮在海面上一样！

在海底放置方块

使用木台阶更像真实的船

在水中放置木台阶，水就会包围它。利用这一点，在船身外侧放置木台阶，船看起来就像是正在行驶一样！

船身不要太窄

海盗船会发射大炮，所以船身必须够大，要从船底一点一点扩大！不要忘了台阶方块啊！

海面上的船身要建得更大

越来越帅气了

终于建到海面上了。船身现在已经很大了，但还是希望船身能达到13个方块宽。在现有的基础上继续堆放方块，把船越建越大吧！

船身建好了

船身建到这个大小之后，所有人都能一眼看出这是一艘船了。铺上甲板后，就能在船上走动了。之后就要在完成的船身上放置大炮和桅杆了！

挂上旗帜

制作巨型桅杆，在桅杆上面挂上黑旗吧，这样看上去就非常像海盗船了！接下来只要制作最重要的炮台就大功告成了！

制作带有机关的设施

利用红石制作 炮台

制作宽2格、长4格的水池,在水池旁边放置台阶方块,在离水面3格的高度上放置木块!

制作能装4个TNT的炮台

安装按钮

在放有红石的最边缘的方块上安装按钮。必须放在人能够触碰到的高度!按下按钮之后,红石就会发生反应!

放置TNT

将4个TNT放在水中,另外4个TNT放置在距离水面2格的高度上。只要放有红石的方块和TNT是紧紧相连的就可以!

制作红石电路

放置红石中继器和红石!红石中继器能够调整大炮的破坏力,具有非常重要的作用!

来吧!爆炸吧!

就像真的一样!

红石发生反应后,水中的TNT会先爆炸。在水中爆炸,方块不会被破坏,但是其他的TNT会被炸飞,被炸飞的TNT会在空中爆炸!

红石老师的 建议

注意中继器的方向

中继器是分方向的,所以安装时要对照说明书,不要装反。否则,红石电路就无法正常运转了。

设计图 7
自动收割机

需要使用的方块有这些

红石　红石中继器　拉杆　水桶
漏斗　火把　箱子　羊毛　黏性活塞

如果觉得农作物收割起来太麻烦，那就做一台自动收割机好了。只要拉动拉杆两次，就可以一口气收割好农田里的小麦了！收割时非常痛快！

最开始制作的是　梯田

制作梯田

想要让水将小麦等农作物冲下来，就要制作有高低变化的梯田。为了便于分辨，两侧就选用彩色的方块吧！

保证水源

想要种植小麦等农作物，必须保证田地附近有水源，所以要在田地附近挖掘出水路。如果梯田面积过大，水会无法流遍整块田地，一定要注意！

获得更多光照

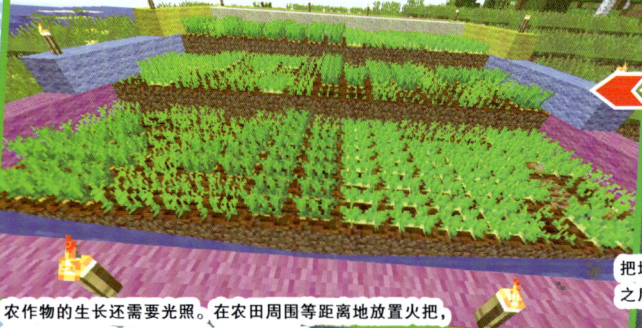

农作物的生长还需要光照。在农田周围等距离地放置火把，将田地照亮吧！农田面积太大可不行哦！

犁地

把地犁一遍，就可以种植农作物了。之后播撒种子，种植小麦吧。

利用红石制作　收割机

放置黏性活塞

想要制作将水压起的装置，就要在最上层的田地下面排列黏性活塞！记得要放置好红石电路来启动活塞！

在黏性活塞上面放沙子

尝试在黏性活塞上面放上沙子吧！也就是说，是沙子将水压起来的。记得在红石上方摆放方块，将其隐藏起来。

制作带有机关的设施

放置中继器

想要在面积较大的农田里启动红石电路，需要使用红石中继器。在红石电路的前面放上拉杆，这样就可以操纵中继器了！

红石老师的建议

尝试用漏斗收割作物

收割农作物时还可以用活塞替代水流。将收获的作物放入箱子时，需要使用漏斗。习惯操作之后，还可以试着用漏斗矿车进行收割。

拉动拉杆

拉动拉杆之后，沙子会全部落下，水会溢出，小麦等农作物也会被冲走。再操作一次拉杆，水就会流向箱子。

在箱子上面放上漏斗

在水流向的方向设置一个能够一口气收割所有农作物的装置吧。在个箱子上面放个漏斗就好！

在装置中倒入水

使用拉杆，抬高沙子，在沙子围出的水沟中用水桶灌满水。拆下沙子后，水就会一下子由入漏斗。

哗啦啦啦发大水

利用红石电路打开水门，水的冲击力会将小麦收割下来。集合啦！

一口气收割完毕！

适用于所有农作物

还可以用骨粉来种植比小麦更重的马铃薯和胡萝卜。仅靠一根拉杆控制水流就可以收割作物啦！快去尝试种植各种农作物吧！

设计图 8
用唱片和道具开门

需要使用的方块有这些

    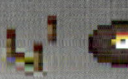

铁门　箱子　唱片机　红石　红石中继器　红石比较器　唱片

在电路中不仅能够使用拉杆和压力板，还可以通过将唱片放入唱片机，或将各种物品放入箱子中来激活电路，控制门的开关。在这里，你能够尝试做各种各样的开关门的装置。

最开始制作的是
密室逃脱

决定房间的大小

建造一个密室，在墙上开几个逃脱用的门。首先需要决定建筑物的大小，然后在地下埋入石块。

建造几个房间

建好房间后，就能够在其中制作用于密室逃脱的几个门了。为了让人知道门的对面还有房间，在墙上装入玻璃也是很不错的！

利用红石制作
机关门

放置唱片机

首先挖出一条通往门口的宽1格、深2格的地道。之后，在地道尽头放1个唱片机。

无法轻易打开这道门　安装铁门

在入口装上铁门，建造就完成了。徒手是无法打开门的，这道门只能利用红石的力量打开。

加强红石的力量

在唱片机旁边放置红石比较器，之后再放置1块红石和1个红石中继器。

红石老师的建议

机关当中的中继器可是超级重要哦

唱片机和箱子只能发送很弱的信号。如果它们无法带动远处的机关，就需要加上一个中继器。这样，信号就能传得很远了。

你能掌握吗？指令方块讲座

只能在电脑上运用

Nodon大师的

Nodon大师简介
在实体版游戏发售很久之前他就发布《我的世界》的实况视频了。他是个非常厉害的人物，是能将指令方块运用自如的达人。

这就是指令方块啦！

熟练运用魔法般的指令方块

调出指令方块的方法

从创造模式开始游戏

重新开始游戏，在创建新世界时选择创造模式。道具应该都是齐全的吧？

输入魔法般的指令

输入"/"，在可以输入文字之后，开始输入指令。

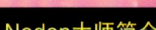

获得指令方块

输入成功之后，之前不存在于工具栏中的指令方块就出现了！指令方块和其他方块一样，可以放置，可以投掷。

可以实现各种功能

指令方块可以改变时间，召唤出怪物，是个具有魔法力量的方块。有了它，《我的世界》将会更加欢乐！

哪怕是非常耗费时间的工作，输入指令也能瞬间完成。

指令方块讲座

题目1 学会瞬间移动

NODON 大师直接传授的必杀指令！

tp @p <定位数值>

用"F3"来查找定位数值

只要按下"F3"就可以查找定位数值了。在联机模式中，还可以搜索同伴的名字！

彻底迷路了

想必在《我的世界》当中，会经常遇到找不到回家的路，不知如何是好的情况吧？在这种紧要关头可以使用瞬间移动的指令。

在探险时迷失方向是《我的世界》当中常有的事。怎么办……

用指南针找到回家的路

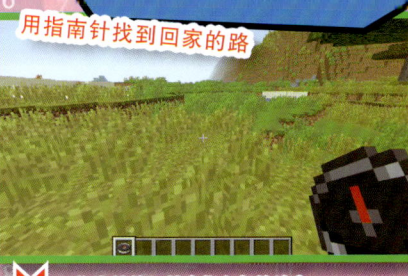

指南针的红针会指向起始地点，非常方便。

放置指令方块

像放置其他方块一样放置指令方块。

在地面挖个坑

挖一个可以放下指令方块的坑。为了明确指令方块的位置，还可以做个记号。

记录地点

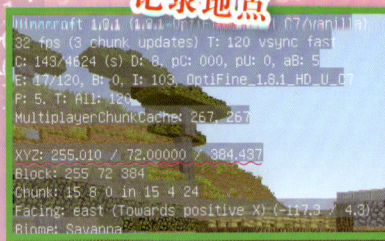

按下"F3"之后，会出现很多文字。在"XYZ"那一行用"/"区分开的三组数字就是你现在的所在地点。小数点之后的数值不用在意。

输入指令

"@p"是"自己"的意思

输入"@p"选择距离最近的玩家
输入"@r"选择随机玩家
输入"@a"选择全部玩家
输入"@e"选择所有物体

在指令方块中输入指令吧！三组数据就像是表示前后、左右、高低这些位置信息的数字。

安装按钮，轻轻按一下

在指令方块上装一个按钮，按下按钮，瞬移指令就会启动。

瞬间移动厅

题目 2
在指定地点放出僵尸

NODON 大师直接传授的必杀指令
summon Zombie
<定位数值>

如果太碍事，就用指令把它删除
如果召唤出末影龙就糟了。这时候就用 kill @e[type=EnderDragon] 指令来删掉吧。

让你的朋友在洞窟中尖声惊叫
如果在鬼屋或试胆大会中出现僵尸，该多么有趣啊！使用指令方块就能在指定地点、指定时间放出僵尸！

熟练运用之后，就能随心所欲地召唤僵尸了。说不定你会成为怪物之王哦！

设置指令方块
挖一个坑，将指令方块埋进去。在输入指令之前先不要躲起来。

输入必杀指令
控制台命令　指令方块所实施的控制台指令
`summon Zombie 208 58 318`
输入"@p"选择距离最近的玩家
输入"@r"选择随机玩家
输入"@a"选择全部玩家
输入"@e"选择所有物体

在指令输入界面输入召唤僵尸的指令吧！现在还不会出现僵尸，敬请放心。

放置压力板
想在别人踏上压力板的时候召唤僵尸，就按住"Shift"键，然后在指令方块上放置压力板。

僵尸登场
只要和你一起游戏的朋友走过压力板，僵尸就会突然出现，让他尖声惊叫吧！

改变指令之后，出现的怪物也会不同

骷髅在网上被可爱地称作"脆脆先生"，但它的攻击力很强，还会叫来相熟的僵尸。玩过《我的世界》的人对它都很熟悉，有了它肯定会玩得更High！

指令 summon Skeleton

指令 summon Witch

这是一个经常出现的会投掷具有毒性、弱化、负伤、钝化等作用的药水的怪物，非常讨厌。

是末影龙

指令 summon EnderDragon

连终极boss末影龙都能用指令方块召唤！它会破坏周围的方块，所以要在空开一物的地方召唤它。

题目 3 让夜晚瞬间变成白天

指令方块讲座

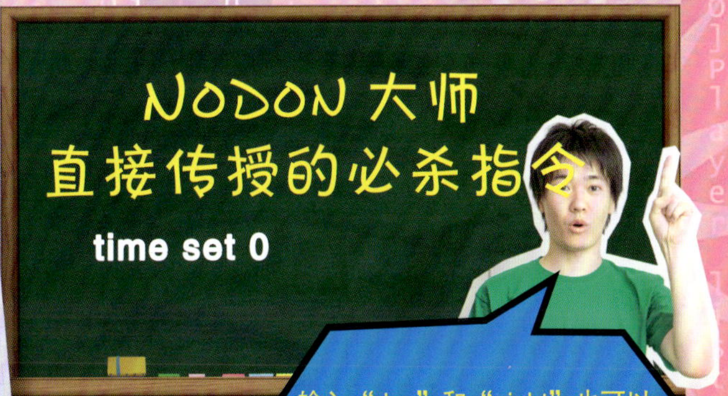

NODON 大师直接传授的必杀指令
time set 0

输入 "day" 和 "night" 也可以。《我的世界》的一天用数值表示就是24000。如果能记住白天和晚上的数值，那么用数值代替 "day" 和 "night" 也是可以的。

在《我的世界》当中，白天转瞬即逝，很快就到了晚上。在晚上会有怪物出没。如果能够熟练运用指令切换时间会非常方便。

好黑呀，什么都看不清

天色变暗之后，除了回家上床睡觉之外，还有别的选项。

放置指令方块

放置指令方块。要放在用起来顺手的地方。

输入必杀指令

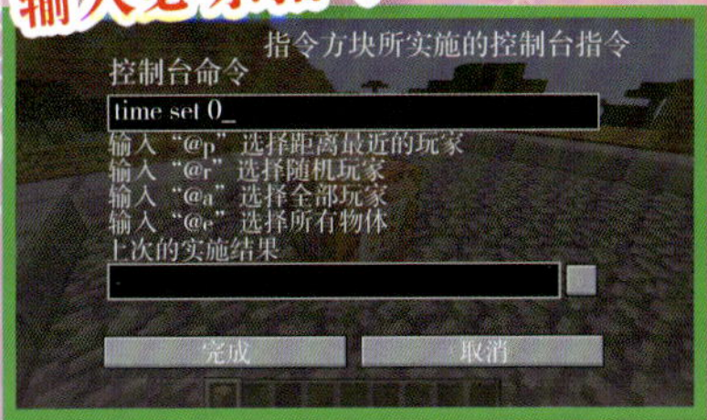

在指令方块当中输入 "time set 0"，这是"时间啊，快到早上"的意思。

放上按钮

将按钮安放在指令方块的侧面就能够立刻改变时间了。注意，不要放在火把等明亮的方块旁边。

按下按钮之后瞬间到早上

天色变暗之后按下按钮，启动指令方块，向指令方块下达"快到早上"的命令之后，就会瞬间变成早上了。

改变指令

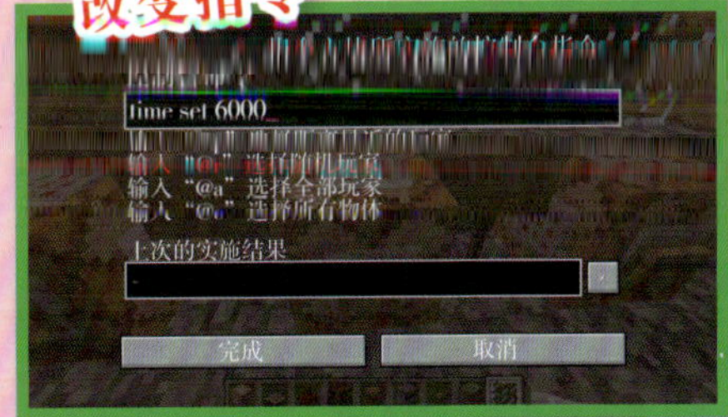

"time set 0" 的 "0" 是指早上。把 "0" 换为别的数字，就能够改变时间了。"12000" 是指傍晚，"6000" 是指白天，"18000" 是指夜间。把图中的 "6000" 改为 "18000" 试试。

轻按按钮

按下按钮试一试吧……

这次就变成晚上了

题目 4
下雨也能瞬间放晴

NODON 大师直接传授的必杀指令！
weather clear

还能出现电闪雷鸣
把指令中的"clear"改为"thunder"来看看。这样就能够出现电闪雷鸣了！

首先要暂停时间

天色不只在夜间会变暗。制作一个装置，在下雨天天色变暗的时候，可以立刻让雨停住。

这样一来时间就不会流逝了

首先要暂停时间。按下"/"，输入"gamerule doDaylightCycle false"来暂停时间。

再把时间固定在正午

把时间固定在正午。按下"/"，输入"timeset 6000"就能变为正午了。

安装阳光感应器

安装阳光感应器吧。安装好后，用方块把感应器围起来，只让它感受到少量的光。安装完成，右击将它点蓝。

输入必杀指令

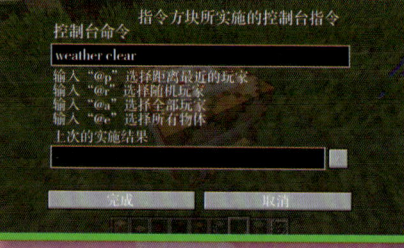

输入必杀指令。在指令方块内输入能够让天气放晴的指令"weather clear"吧！

在高台上埋入指令方块

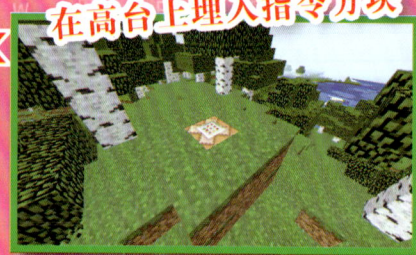

在高台上能够感受到明暗变化、日光能够直射的地方埋入指令方块。

即使下雨

下雨或雷阵雨时天色会变暗。这时候感应器就会发生反应，自动将天气变好。还可以试一试能够下雷雨的"weather thunder"或者下雨的"weather rain"指令。

马上就能放晴

马上就能放晴了！即使下雨，也能够瞬间放晴，你是不是已经确认过这点了呢？

建筑工程变得超顺心

指令方块讲座

题目 5 瞬间建好豆腐房

NODON 大师 直接传授的必杀指令
`fill ~0 ~-1 ~0 ~10 ~10 ~10 planks 1 hollow`

指令方块在平整地基时也非常有用

将"planks 1 hollow"改为"air",原来的方块就会消失。在开山凿地、平整地基时,就能够超高速地完成工作了。

建造墙壁非常麻烦

没有自己的家时,想要建一栋房子,哪怕简单点也好!即使是建造"豆腐房"这种简单的四方形房屋,也要不断堆积原木、石块,非常麻烦。

即使建一个简单的房子,也要一点点放置超过一百个方块……嗯……好痛苦!

总之,先放置一个指令方块

在想要建造房子的地点附近放置一个指令方块。

出现了一个巨大的方块

突然出现了一个巨大的木制方块。几百个木块瞬间就堆积好了!虽然大家还没适应,但是输入指令明显使工作变得更加简单快捷了。

装上按钮,轻轻一按

在指令方块上安装按钮。如果无法安装,就在它的旁边放一个方块,在这个方块上安装。

输入必杀指令

就是"fill ~0 ~-1 ~0 ~10 ~10 ~10 planks"这样一个指令。用Tab键替代"~0",就能输入现在的坐标了。

接着输入能让房间变空的指令

接下来输入"fill ~0 ~-1 ~0 ~10 ~10 ~10 planks 1 hollow"这一指令。

一个空的房间就完成了

破坏墙面进去一看,一个空的豆腐房就完成了!之后只要在墙面上开出所需的门、窗,摆上火把,你的家就建造完成了。

安上门窗,房子就建好了

附录 可以在工作台制作的建筑用方块

工作台

木板×4

制作工具必须要有工作台。

箱子

木板×8

可以保管物品的道具。两个箱子可以制作一个能装更多物品的大箱子。

熔炉

圆石×8

想要精炼矿石，必须要有熔炉。也可以在村内的冶炼屋买到。

床

羊毛×3 木板×3

可以让玩家度过天亮前的时光，同时也是玩家死亡后的复活地点。

火把

木棍×1 煤炭/木炭×1

可以安装起来使用。可以照亮黑夜或黑暗的空间，也能够融化周遭的冰雪。

矿石方块

铁锭/金锭/钻石/青金石/绿宝石/红石/煤炭×9

9个煤炭可以制作一个煤块，这样就可以随身携带矿石了。

萤石

萤石粉×4

比火把更加耀眼，所以能够运用在各种建筑物中。可以在下界或交易中获得。

羊毛

丝×4

羊毛可以从绵羊身上剪下，还可以用蜘蛛丝制作，杀死绵羊也能得到。

彩色羊毛

羊毛×1 染料×1

可以染成16种不同的颜色。是建造有创意的房屋不可或缺的。

彩色玻璃

玻璃×8 染料×1

玻璃也有同样的功能，和羊毛一样可以染成16种颜色，运用在建筑中。

半方块

木板/圆石/沙石/石块/石砖/红砖/地狱砖块/下界石英方块/红沙石×3

高度为普通方块一半的方块。玩家可以在上面冲刺向上跑。

台阶

木板/圆石/沙石/石砖/地狱砖块/红砖/下界石英方块/红沙石×6

玩家无须跳跃即可上上下下。同时还可以作为椅子或长椅使用。

黏土方块

黏土×4

位于水边、浅池或湖底。破坏之后会变为4个黏土，很适宜搬运。

彩色黏土

硬化黏土×8 染料×1

黏土有16种颜色。颜色不同，出现的位置也不同，能够自然产生。需要铁镐。

砖块

红砖×4

不存在于自然之中的人工方块。可以用于建筑房屋的外墙，同时因为它不可燃的特性，也可用于暖炉。

石砖

石块×4

因为石块较易获得，所以它是一种能够简单、大量制作的建筑材料。

青苔石

圆石×1 藤蔓×1

出现在雨林的神殿等地。即使精修也表示为苔藓的，追一点与圆石不同。

青苔石砖

石砖×1 藤蔓×1

同石砖一样，设计较为朴素。可以用于装饰城堡或神殿。

錾制石砖

石砖半方块×2

出现在雨林的神殿中。同青苔石砖一样，可以用于装饰建筑物。

沙石

沙子×4

出现在沙漠等处的沙砖下方。沙石用门不开、工具、刷怪笼制作半方块。

平滑沙石
沙石×4

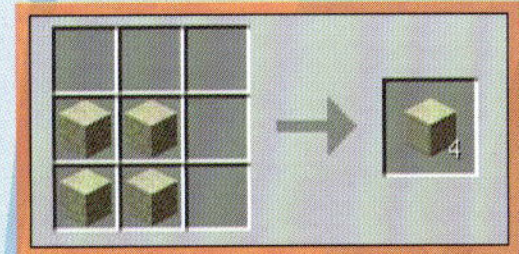

将上文中的沙石取4块排列就能够制成。制作时不需要工作台。

錾制沙石
沙石半砖×2

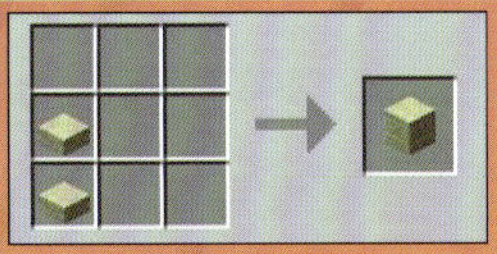

带有各种纹路的沙石。单纯制作时不需要工作台。

红沙石
红沙×4

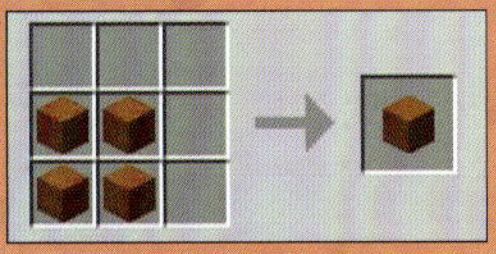

在被红沙覆盖的山丘、沙漠等地形可以获得许多红沙，取4个即可制作。

平滑红沙石
红沙石×4

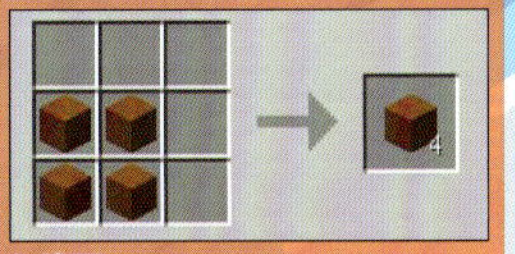

将上文中的红沙石取4块排列就能够制成。制作时不需要工作台。

錾制红沙石
红沙石半砖×2

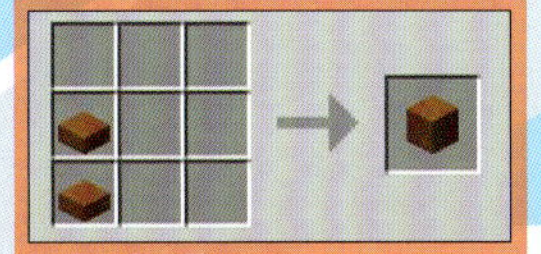

带有各种纹路的红沙石。单纯制作时不需要工作台。

雪块
雪球×4

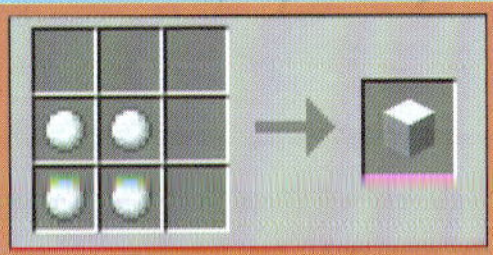

即使碰到岩浆、火把和水，也不会融化。还能用于制作雪傀儡。

下界石英方块
下界石英×4

可以加工为台阶或半砖。破坏后无法获得下界石英，需要注意。

錾制下界石英方块
下界石英半砖×2

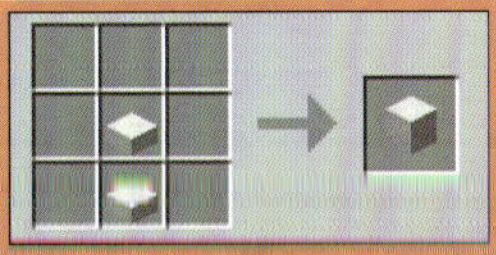

和大理石相似，可以作为替代用的建筑材料。但是不耐爆炸。

下界竖纹石英方块
下界石英方块×2

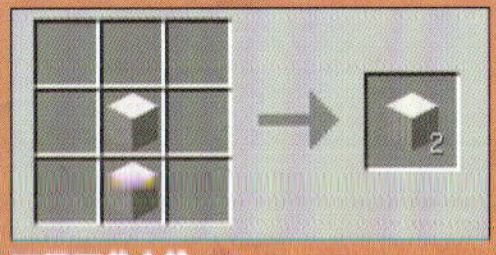

和大理石相似，可以作为替代用的建筑材料。但是不耐爆炸。

粗粒土
泥土×2　沙砾×2

出现在针叶林或热带草原。无法长草，但用锄头锄过之后能够变成普通的泥土。

花岗岩
闪长岩×1　下界石英×1

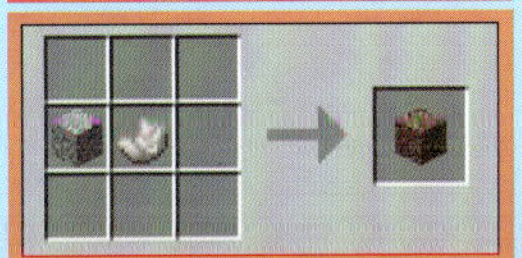

主要出现在岩浆湖附近。和石头外观不同，但是抗爆性等特性相同。

磨制花岗岩
花岗岩×4

将花岗岩加工之后制作出粗糙感。建造房屋时如果必要，可以制作一些。

安山岩
圆石×1　闪长岩×1

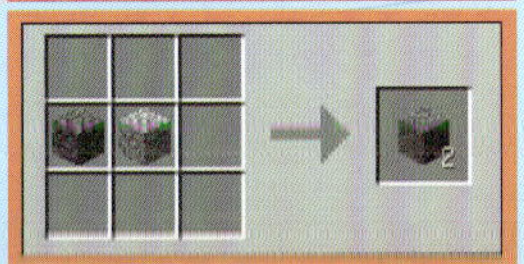

主要出现在岩浆湖附近。和石头外观不同，但是抗爆性等特性相同。

磨制安山岩
安山岩×4

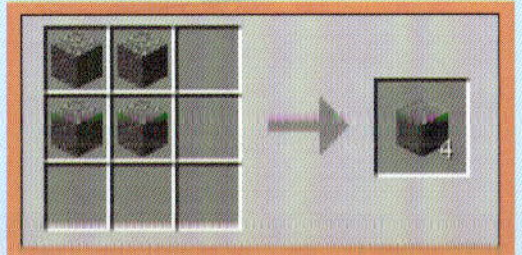

将安山岩加工之后制作出粗糙感。建造房屋时如果必要，可以制作一些。

闪长岩
圆石×2　下界石英×2

主要出现在岩浆湖附近。和石头外观不同，但是抗爆性等特性相同。

磨制闪长岩
闪长岩×4

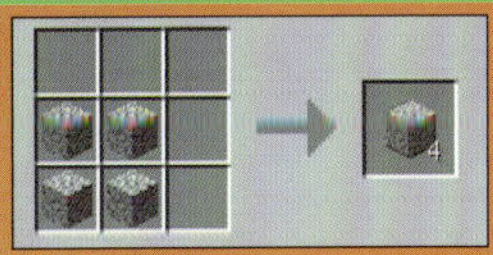

将闪长岩加工之后制作出粗糙感。建造房屋时如果必要，可以制作一些。

海晶石
海晶碎片×4

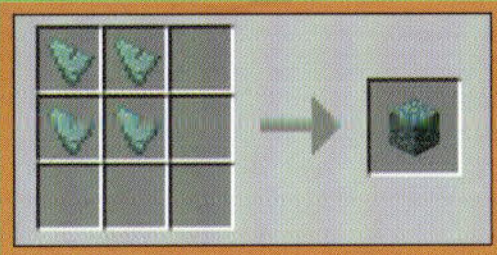

组成海底神殿的方块之一。远古守卫者会掉落碎片。

海晶石砖
海晶碎片×9

组成海底神殿的绿色方块之一。远古守卫者会掉落碎片。

暗海晶石
海晶碎片×8　墨囊×1

组成海底神殿的深色方块之一。远古守卫者会掉落碎片。

海晶灯
海晶碎片×4　海晶砂粒×5

能够照亮水体的方块。亮度与南瓜灯相同。装饰出现在海底神殿当中。

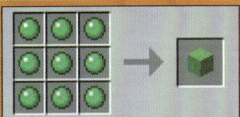

史莱姆块
黏液球×9

掉落在地上时不会遭到破坏，而是会反弹。是制作黏性活塞时不可或缺的素材。

TNT
沙子×4　火药×5

爆炸后会破坏周围的方块。点火之后闪烁4秒，之后爆炸。

书架
木板×6　书×3

放置在附魔台旁边能够获得更高的追加效果。

南瓜灯
南瓜×1　火把×1

南瓜灯可以在水中使用，比火把更加明亮。还能用于制作傀儡。

附魔台
书×1　钻石×2　黑曜石×4

可以为武器、护具、道具等附加各种能力。

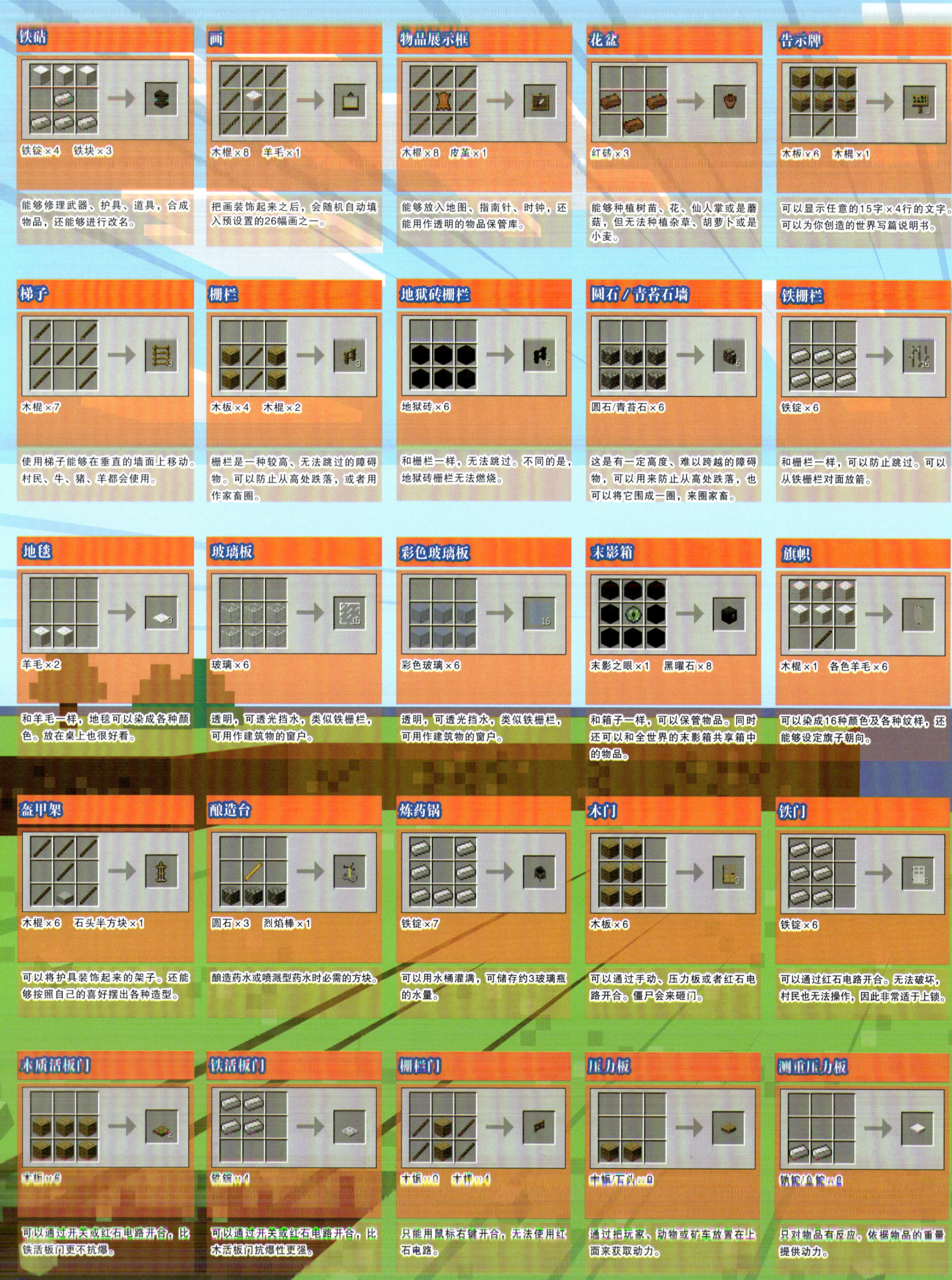

按钮

木板/石头×1

按下之后能向旁边的方块发送信号，在红石电路中经常使用。

拉杆

圆石×1 木棍×1

能够安装在地板、墙壁或是天花板上。一旦操作拉杆，在再度操作之前不会自动恢复。

红石火把

红石×1 木棍×1

红石电路的动力来源，能够为红石电路提供动力。

红石中继器

红石×1 红石火把×2 石头×3

能够加强通常只能传递15格的信号。同时，还能够阻止反转信号。

红石比较器
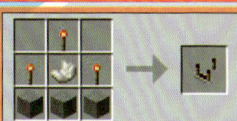
红石火把×3 下界石英×1 石头×3

能够比较侧面、背面传来的信号，做减法，或是提取信号。

唱片机

木板×8 钻石×1

放上唱片，单击右键，就能够播放对应的音乐。

音符盒

木板×8 红石×1

被敲击或是受到动力作用时就会演奏乐曲。可以调整音阶。

投掷器

圆石×7 红石×1

受到动力作用，会把内部的物体投向旁边的箱子或漏斗。

发射器

圆石×7 弓×1 红石×1

受到动力作用，会随即发射内部的一个物品。可以发射弓箭或雪球。

普通活塞

木板×3 圆石×4 铁锭×1 红石×1

受到重力作用，活塞的木质部分就会弹射出去，推动邻近的方块。

黏性活塞
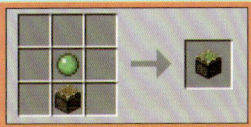
活塞×1 黏液球×1

基本上和活塞一样，但是黏性活塞返回时，会把旁边的物品粘回来。

红石灯

红石×4 萤石×1

受到动力作用就会发光。还能够传导动力，邻近的红石灯也会发光。

绊线钩

铁锭×1 木棍×1 木板×1

使用除剪刀以外的物品切断连接两个绊线钩之间的线就能够提供动力。

陷阱箱

箱子×1 绊线钩×1

陷阱箱打开时能够提供动力。并列摆放两个陷阱箱，可以获得更大的尺寸。

漏斗

铁锭×5 箱子×1

物品从上方落下时，能够将物品送至邻近的（陷阱）箱子、熔炉或是发射器中。

红石方块

红石×9

（描述文本）所以和（黏性）活塞搭配起来非常好用。

阳光传感器

（材料）木板×3

像太阳能电池一样，能够应对阳光照度提供动力。提供的动力白天强、傍晚弱、夜间无。

矿车
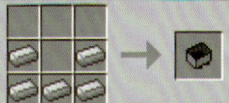
铁锭×5

一种交通工具，在铁轨上行驶时比走路更快。除了载玩家以外，还可以载动物。

熔炉（箱子）矿车

（材料）

载有熔炉或箱子的矿车，能够一边行驶在铁轨上，一边精炼或保管物品。

漏斗矿车

（材料）

可以在铁轨上行驶的同时，回收漏斗中的方块或是周边掉落下来的物品。

TNT矿车

矿车×1 TNT×1

在行驶的矿车上点燃之后就会爆炸，但铁轨不会被炸掉。

铁轨

铁锭×6 木棍×1

想要让矿车行驶，必须要有铁轨。铁轨不仅能直线铺装，还能拐弯、爬坡。

充能铁轨

金锭×6 木棍×1 红石×1

充能铁轨上的红石电路如果连通就能让矿车加速，反之则减速。

探测铁轨
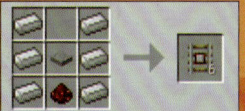
铁锭×6 石质压力板×1 红石×1

附带开关的铁轨。矿车通过时能够启动红石电路。

激活铁轨

铁锭×6 木棍×2 红石火把×1

电路连通后，矿车通过时，就能点燃TNT矿车，漏斗矿车也会启动。

版权合同登记号图字06-2018年第326号

图书在版编目（CIP）数据

我的世界.建筑进阶指南70条/日本我的世界职人组合著；刘子璨译.—沈阳：辽宁人民出版社，2018.10（2021.6重印）
ISBN 978-7-205-09371-6

Ⅰ.①我… Ⅱ.①日… ②刘… Ⅲ.①电子游戏—基本知识 Ⅳ.①G898.3

中国版本图书馆CIP数据核字（2018）第197583号

出版发行：	辽宁人民出版社
	地址：沈阳市和平区十一纬路25号　邮编：110003
	电话：024-23284321（邮　购）024-23284324（发行部）
	传真：024-23284191（发行部）024-23284304（办公室）
	http://www.lnpph.com.cn
印　　刷：	北京尚唐印刷包装有限公司
幅面尺寸：	210mm×260mm
印　　张：	7
字　　数：	130千字
出版时间：	2018年10月第1版
印刷时间：	2021年6月第2次印刷
责任编辑：	赵维宁　贾　勇
装帧设计：	琥珀视觉
责任校对：	吴艳杰
书　　号：	ISBN 978-7-205-09371-6
定　　价：	56.00元